CASA DEL CARIBE

Notas para su historia

Labor científico-investigativa

José Millet Batista

Ediciones Fundación Casa del Caribe, de Venezuela, mayo, 2018.
@ José Millet Batista, para Ediciones Fundación Casa del Caribe, Registro Público del Municipio Miranda,

Estado Falcón, con el Número 34, folio 145, del 19 de agosto del 2010.

ISBN: 9781981006380

- -   4

A mis compañeros de la Casa del Caribe cuya siembra agradece la tierra fértil de mi patria chica, Santiago de Cuba: el narrador Jorge Luis Hernández; el sabio autor del proyecto Aníbal Joel James Figarola; el filósofo hermano Julián "El Gallo" Sergio Mateo Tornés; el actor Rogelio Meneses Benítez; al poeta "Quijote del Caribe" Jesús Cos Causse; el historiador holguinero Radamés de los Reyes; el filósofo del beisbol Omar Blandino; el escritor Oscar "El Monstro" Ruiz Miyares; la bibliotecaria Pura Luna; el sociólogo y alma económica de la institución Manuel "Manolo" Alejandro Ruiz Vila y los cinco fundadores de la Casa del Caribe que quedamos vivos para contarlo:

Ivonnne Menéndez Angulo, la primera secretaria ejecutiva de JJ; el historiador Rafael Duharte Jiménez, el escritor José Fernández Pequeño, Isabel Matos y el periodista Rubén López…

Índice

Capitulo I.-Caracterización de la Casa del Caribe

La Casa del Caribe es un fruto genuino de la cultura de Santiago de Cuba, ciudad considerada por algunos intelectuales como la Capital Cultural del Caribe. Inicialmente fue configurada como un proyecto nacido de inquietudes de carácter investigativo sostenidas durante varios años desde los tiempos de estudios en la Universidad de Oriente de sus fundadores. Conceptos, ideas y experiencias que arrancan desde los setenta, serían desarrollados en la fragua de varias instituciones cuyo interés principal se centraba en la indagación en torno a las raíces culturales de una identidad regional vinculada histórica y culturalmente al Caribe. Dos instituciones de la ciudad sirvieron como aglutinadores principales de estos esfuerzos investigativos iniciales: el Taller Cultural, para entonces con un perfil temático que iba más allá de lo concerniente a las artes plásticas y poseía un enfoque interdisciplinario, y el Cabildo Teatral de Santiago, donde se gestaron las bases del quehacer profesional propio de lo que es hoy el signo distintivo de la Casa del Caribe: la investigación y la promoción cultural, desplegadas siempre con un ritmo uniforme y casi al unísono.

En el Taller Cultural se conformó un equipo de investigadores que más tarde pasó a integrar el equipo profesional de especialistas de la institución, así como el cuerpo de investigadores adjuntos y colaboradores permanentes, entre quienes están figuras tan relevantes como Rogelio Meneses, el Director Artístico del Festival del Caribe. Allí nació el tabloide Del Caribe en cuyos números fueron publicados los primeros resultados de investigación de este equipo y muchas de las inquietudes que después cristalizarían en un proyecto mayor: la creación de la Casa del Caribe, el 23 de junio de 1982 y de la revista Del Caribe en julio de 1983, órgano que ha servido para la difusión de los conocimientos y resultados científicos producidos o alcanzados mediante una sistemática labor de indagación y estudio de los elementos esenciales del ser caribeño.

Del Cabildo Teatral Santiago fue el teatro de relaciones instrumento artístico y el medio más eficaz para puntualizar y ensayar teóricamente aquellos puntos de la identidad teatral que servirían de base a futuras investigaciones, a través de una propuesta artística que incluía en su accionar tradiciones culturales, aspectos del folklore de la ciudad, elementos callejeros, de ahí que el trabajo en y con la comunidad se convertiría en la vía más apropiada para alcanzar todas las propuestas que la institución podía generar. Es decir, partiendo del teatro de relaciones como herramienta de indagación y como instrumento artístico, se genera un modelo de trabajo en el barrio, en la calle, vinculado con los grupos humanos portadores de estas expresiones de la cultura popular que desde entonces ha definido la labor y el estilo de la Casa del Caribe y que conduciría a la organización del Festival del Caribe, proyecto de alcance mayor que muestra y, por tanto, reconoce, zonas y expresiones de la cultura popular tradicional vinculadas al complejo de la cultura caribeña y a la actividad investigadora en torno a ellas, donde la calle, es decir, la ciudad con sus plazas, callejones, parques, es el escenario propicio para los encuentros de los participantes en la cita. Evento que ha favorecido desde sus nacimientos un diálogo intenso y fluido entre la cultura nacional y la cultura de los países del área, y que, apoyándose en lo propio, es decir, en aquellos elementos identitarios locales cuyos comportamientos culturales visible dentro del corpus cultural santiaguero muestran claros vínculos con expresiones similares en el Caribe, logró trascender las fronteras regionales para desbordarlas y proyectarse internacionalmente. Sirvan para ilustrar esta última afirmación las ediciones del Festival dedicadas en años recientes a África y a la diáspora caribeña.

El 23 de junio de 1982 fue creada la Casa del Caribe por decisión de la Asamblea Municipal del Poder Popular de Santiago de Cuba mediante una resolución de su Comité Ejecutivo (Revista Del Caribe, no.1, 1982, p. 10-12), determinación soberana que fue ratificada por el Ministerio de Cultura de Cuba mediante su resolución número 87 del 12 de octubre de 1982 (Revista Del Caribe, no.2, 1983, p. 3-4)

El entonces Ministro de Cultura cubano, Dr. Armando Hart Dávalos, definió los objetivos de la institución en los siguientes términos:

"El Caribe y las Antillas, cuyo estudio e investigación social, económica política y cultural emprenderá la Casa del Caribe de Santiago de Cuba, es un punto esencial en los problemas actuales del mundo, de América, del futuro. Y esto se refleja en el plano político, pero se revela también en el plano cultural. La Casa del Caribe de Santiago de Cuba debe convertirse en un instrumento de relaciones y estrecha colaboración y comunicación entre las instituciones culturales de los países hermanos de la zona."

De acuerdo con estos planteamientos rectores, la Casa del Caribe tiene como objetivos principales:

El estudio y reconocimiento de los componentes esenciales presentes en la historia, la sociedad, la economía y la cultura de los pueblos del Caribe.

Profundizar en la indagación de la personalidad del Oriente de Cuba y sus vínculos históricos y culturales con la región caribeña.

Propiciar el intercambio nacional e internacional entre investigadores, artistas, intelectuales y estudiosos de la historia y la cultura caribeña.

Promover seminarios, conferencias, exposiciones, concursos, talleres, revistas y publicaciones periódicas, y libros que sirvan de fuentes para el mejor conocimiento entre los pueblos del área y que contribuyan a ampliar y divulgar el alcance de nuestros valores comunes.

Promover a través de diversas actividades, el desarrollo y profundización de la amistad y la hermandad de los pueblos del Caribe.

Consecuentemente en estos objetivos, la Casa del Caribe desempeña las funciones de investigación y promoción cultural, funciones básicas que han convertido a la institución en uno de los pocos centros del país que combinan un programa de investigación con una labor promocional sostenida que abarca desde la convocatoria de eventos de carácter nacional e internacional, hasta el auspicio de grupos musicales y danzarios, como la Compañía Danzaria Kokoyé; proyectos comunitarios como el que desarrolla sistemáticamente la Casa de las Tradiciones en el antiguo barrio francés de El Tivolí; el trabajo reconocimiento y estudio de comunidades de antillanos y sus descendientes, como las Barrancas, La Caridad y Pilón del Cauto; el fomento y desarrollo de La Casa de las Religiones Populares que ofrece al publico nacional y extranjero los artefactos rituales representativos de los principales sistemas de pensamiento mágico-religioso be base africana y del espiritismo actualmente vigentes en el país.

Esta voluntad integradora expresa la intención de ensanchar las fronteras de la investigación más allá de los marcos privativos a esta esfera del desarrollo profesional; de manera que la labor investigativa de la institución se vincula armónicamente con la de la promoción de las auténticas tradiciones culturales de nuestro pueblo, lo que favorece el desarrollo de investigaciones aplicadas cuyos resultados han servido para la elaboración de documentales de carácter antropológico o sociológico—algunos de los cuales han obtenido premios internacionales--, de programas de TV, guiones radiales, guiones danzarios, etc.

Capítulo II.- Misión y Objetivos Estratégicos de la Institución

 En la plataforma política que sirvió de base a la fundación de la Casa del Caribe quedó claramente explicitada que se trataba de una institución que debía dedicarse a desentrañar, identificar, conceptuar y definir el alcance de lo que se ha denominado como la cultura o el ser caribeño. Tal vez este sea el reto más trascendente que haya tenido hasta el presente la Casa, que pudiera constituir la razón de ser o su misión definitiva. Tal objetivo nos conduce a captar el ser caribeño en su devenir, desde el comienzo mismo de la formación de las sociedades precolombinas hasta la actualidad de los pueblos que integran el Caribe, focalizando la atención en Cuba y en su relación dialéctica con ellos.

La historia y la personalidad de la región oriental del archipiélago cubano tiene en este entramado un particular interés científico y, en ella, la de Santiago de Cuba aun más, en razón de que, como se ha reiterado en diferentes ocasiones, la institución nació de la peculiar conciencia de que pertenecemos a una cultura común que nos une y esa conciencia de nuestra caribeñidad emerge de la peculiar y singular personalidad cultural del oriental y del santiaguero, la misma que nos conduce al tema de la identidad del cubano, forjada inicialmente, desde el arranque mismo de la colonización, en esta parte de la Isla.

En correspondencia con esta matriz fundacional, la Casa del Caribe, pues, tiene como misión principal el estudio, la investigación y la promoción de:

1. El Caribe y su espiritualidad, entendido no en un enfoque geográfico ni geopolítico, sino histórico-cultural.
2. La cultura o el ser caribeño, en su devenir y/o situación dinámica hasta la actualidad.
3. Los procesos de formación de la identidad cultural del caribeño.
4. Las diversas formas de rebeldías (étnicas, culturales y políticas) radicalmente vinculados a los procesos de formación de identidades locales, regionales y nacionales.
5. Los procesos de cambio social expresados en estas formas de rebeldía que van desde las formas de resistencia pasiva o violenta más elementales hasta las de mayor alcance, como

las de las guerras por la liberación nacional o guerras por la independencia.

6. Relaciones entre los pueblos del Caribe y su relación contradictoria y azarosa con los antiguos centros hegemónicos, desde la colonia hasta el presente neocolonial, en que se dibuja la relación no menos conflictiva con Norteamérica.

7. La cultura tradicional popular como portadora de los valores esenciales de esas identidades locales, regionales y nacionales, que trascienden el marco de una nación y nos revelan una identidad cultural superior, que definimos como la caribeña.

8. Los lazos históricos que han unido a los pueblos de la región, entre los que se destacan los intercambios de diversa índole (económicos, comerciales y políticos), centrando la atención particularmente en aquellos de naturaleza cultural,

sin descartar las relaciones de hermandad y solidaridad que los han sustentado a lo largo de la historia.

9. Las diversas formas de integración de los pueblos del Caribe (desde el punto de vista geográfico, físico, histórico, económico, comercial y cultural)

10. Las peculiares formas no sólo de integración, sino de intercambio y de identificación de las raíces comunes, entre las que se destacan los intercambios de ideas, experiencias y valores tanto culturales (artísticos, arquitectónicos, estéticos e intelectuales, etc.) como científicos, que se concretizan y ponen de manifiesto en espacios peculiares y trascendentes como el Festival del Caribe y otros espacios de encuentro intrarregional o que abarquen a la región caribeña en su conjunto.

Papel de la entidad en la estrategia nacional de ciencia y tecnología.

Vinculación de su misión

La misión de la Casa del Caribe es promover el estudio e investigación sobre la historia, la sociedad, la realidad y perspectivas de la cultura del Caribe. Este enunciado parte del supuesto no sólo de la existencia de una cultura del Caribe más allá de los límites geográficos que determina el mar de este nombre, sino que están enmarcados por hechos tan significativos como el genocidio de la población aborigen, la trata negrera, el sistema esclavista y el régimen de plantación.
Desde este punto de vista, el Caribe es un   concepto histórico cultural, que alcanza desde el sur de Estados Unidos hasta regiones muy calificadas de Sudamérica, como Brasil.
Todo lo que se ha dicho, contribuye a nutrir de elementos convincentes, a la política cultural internacional de la Revolución

Cubana, al tiempo de ayudar a la formación de una conciencia internacionalista caribeña de nuestro pueblo.

Efectividad demostrada   y sostenida de la relación de sus objetivos estratégicos con la estrategia nacional.

Esta efectividad se demuestra en 23 ediciones ininterrumpidas del Festival del Caribe, Fiesta del Fuego, que han contenido dentro de ellas eventos teóricos sobre los aspectos mencionados. El Festival del Caribe en todas estas ediciones, al tiempo de llevar a la práctica la política de reivindicación de la cultura tradicional del pueblo cubano realizada por la Revolución Cubana, ha significado un espacio y un incentivo de circulación nacional no conocidos anteriormente y que ha contribuido de modo superlativo al enriquecimiento de la cultura tradicional cubana donde reside, para nosotros, la soberanía nacional.

Estrategia de protección de la propiedad intelectual encaminada a la obtención   un beneficio económico.

Todos los resultados de las investigaciones de la institución se registran en forma de libros y en artículos que ven la luz en la revista Del Caribe que lleva 41 números publicados, así como en filmes, videos, multimedias, CD y en otros soportes electrónicos. Todos estos materiales   se encuentran   al alcance de especialistas, estudiosos, estudiantes universitarios y público en general interesados en la temática.

Vinculación a las prioridades nacionales.

Participación en proyectos de prioridad nacional o servicios de prioridad nacional.

Entendemos que una de las prioridades nacionales estriba en el mejor conocimiento de los pueblos del Caribe, y de sus relaciones histórico-culturales con el pueblo cubano. Todo lo que, desde el punto de vista investigativo y promocional, lleva a cabo la Casa del Caribe está dirigido en este sentido. En la misma medida en que se alcancen altos niveles de caribeñeidad, se alcanzarán altos niveles de conciencia de cubanidad y de solidaridad internacional. La consciente filiación caribeña es un arma de independencia nacional y de justicia social.

Estructura actual

La Casa del Caribe dispone de una estructura organizativa que consta de un Director a quien se subordinan el Sub-Director de Investigaciones, el Sub-Director de Relaciones Internacionales y los jefes del Departamento de Economía y Comercialización, del

Centro de Documentación e Información y de la revista Del Caribe. El director preside el Consejo de Dirección y el Consejo Científico de la institución, que funcionan regularmente, según lo normado.

Cada investigador posee uno o más proyectos de investigación, que son chequeados periódicamente en el seno del colectivo y evaluados anualmente, de acuerdo con lo establecido por los centros que investigan adscriptos al Ministerio de Cultura.

Centro de Documentación e Información: Posee una valiosa colección de libros raros y valiosos como parte del fondo Cuba y otros libros y publicaciones seriadas de historia, cultura y sociedad del Caribe, que consultan investigadores, estudiosos, profesores y estudiantes universitarios. Sostiene relaciones de intercambio de información con bibliotecas especializadas, centros similares, instituciones científico-investigativas e instituciones culturales nacionales y extranjeras. Centro de Documentación e Información: Posee una valiosa colección de libros raros y valiosos como parte del fondo Cuba y de otros libros y publicaciones seriadas de historia, cultura y sociedad del Caribe, que consultan investigadores, estudiosos, profesores y estudiantes universitarios. Sostiene relaciones de intercambio de información y documentos con 84 bibliotecas especializadas, centros similares, publicaciones, instituciones científico-investigativas e instituciones culturales nacionales y con 182 extranjeras. Trece mil cuatrocientos treinta y dos ejemplares componen el fondo físico en libros y tres mil quinientos ejemplares su fondo hemerográfico. Todos estos títulos referidos al perfil temático descrito, proceden del Caribe, América Latina, Estados Unidos y Europa, fundamentalmente obtenidos por donaciones personales y por concepto de canje con nuestras publicaciones.

Revista Del Caribe: Con una salida de tres números anuales, publica artículos y ensayos que tratan temas relacionados con la historia, la sociedad y la cultura de la región, con un énfasis especial en aquellos que abordan temas de las tradiciones culturales de los pueblos del Caribe. Ininterrumpidamente, han visto la luz 41 números de esta revista en la que colaboran autores cubanos y extranjeros.

El Caribe Arqueológico: Es un anuario que la revista edita como su suplemento y está especializado en Arqueología y ciencias conexas a ella, con colaboraciones de especialistas cubanos y extranjeros.

Sede social de la Casa del Caribe: Desde su fundación, la institución ha ofrecido sistemáticamente conferencias, ciclos lectivos, charlas, talleres, seminarios y cursos dirigidos a la comunidad donde está enclavada, a las instituciones nacionales y extranjeras, así como a grupos de visitantes. Este espacio ha servido también como tribuna para que estas actividades lectivas hayan sido ofrecidas por especialistas y artistas del país y del extranjero, entre los que cabría mencionar a Nicolás Guillén, Roberto Fernández Retamar, Martha

Jean Claude, George Lamming, Ricardo Alegría, Moriseau Leroy, Juan Bosch, Mimi Bartelemí, entre otros.

En el interior del recinto, funciona la Sala Antonio Guiteras Holmes/Roberto García, notables personalidades de nuestra vida nacional vinculadas al inmueble y al quehacer cultural de la institución, respectivamente. En él, asimismo, se inauguran periódicamente exposiciones de artes plásticas de autores nativos y, en ocasiones, conjuntamente con artistas de otros países.

Consecuentemente con su sello y estilo, la Casa se ha abierto siempre a la comunidad, a la cual va dirigida su programa de promoción que funciona cada día a lo largo de todo el año, incluido el receso veraniego. Para ello dispone de la propia sede oficial y de otras instalaciones que describiremos debajo.

Jardín Caribeño: En los jardines de la sede oficial se realizan diariamente peñas artísticas, en las que intervienen cantantes solistas y agrupaciones musicales de diverso formato que cultivan la música tradicional y popular cubana en un recorrido por casi todas sus modalidades expresivas. Incluso hay un tiempo reservado para la espiritualidad haitiana: para el vodú y el gagá. También la compañía de danza Kokoyé tiene su peña y una tarde dedicada a ofrecer las modalidades del complejo de la rumba y demás ritmos caribeños.

En el marco del Festival del Caribe, aquí se produce el encuentro entre los grupos portadores más representativos de la cultura tradicional del pueblo cubano. La atmósfera se enriquece con mesas redondas en la que es decisiva la participación de los líderes de las comunidades de donde proceden los grupos, quienes intercambian ideas y experiencias con sus semejantes y con especialistas que acuden a la cita.

Casa de las Religiones Populares: No es un propiamente un museo, sino una Exposición permanente de objetos rituales de auténticos oficiantes de los principales sistemas de pensamiento mágico-religioso, de base africana y en algunos casos sincréticos, actualmente vigentes en Cuba. Estas manifestaciones de nuestra cultura religiosa popular se articulan con gran sentido de unidad para mostrar una experiencia viva de las diferentes formas rituales del culto a los orishas (de la Regla de Ocha o santería cubana), de los cultos de origen bantú conocidos como Regla Conga o Regla de Palo, de la variante cubana del vodú y de las diversas modalidades del espiritismo.

Casa de las Tradiciones: Muchas de las actividades del programa de promoción de la Casa del Caribe tienen lugar en un local ubicado en el antiguo barrio francés de El Tivolí, donde se asentó el primer café-concert de la ciudad y adonde arribaron, en una ruta no exenta de dramatismo histórico, varios de los personajes de la célebre novela El reino de este mundo, del novelista cubano Alejo Carpentier. Esta extensión de la Casa desarrolla un trabajo de rescate de las raíces de la espiritualidad de uno de los dos polos de la cultura tradicional y popular de Santiago de Cuba, cuna de célebres organizadores del carnaval local y de músicos que han alcanzado notoriedad universal. Desde ella se desarrolla un amplio programa de trabajo con la comunidad inmediata en que está enclavada, la cual se siente gracias a ello profundamente identificada con la institución y sus actividades. De manera especial, se privilegian las artes tradicionales que se sitúan en el justo lugar que ellas merecen, como el arte de contar y narrar historias y cuentos.

Precisamente, la Casa de las Tradiciones organiza anualmente el Encuentro de Literatura oral, al que asisten cultores del género no sólo de la provincia Santiago de Cuba, sino de varios sitios del país. Uno de los frutos más importantes de este trabajo es precisamente redimensionar la importancia de manifestaciones como la señalada, aunque ha sido mencionada aquí solo a modo de ejemplo. Por la institución pasan diariamente exponentes de la música tradicional, en la cual los barrios de Santiago y la propia ciudad tienen mucho y rico que ofrecer. Creo que no es inmerecido decir que, gracias al sistemático plan de actividades musicales e incluso danzarias ejecutamos allí, la Casa de las Tradiciones se ha convertido en un lugar de cita obligada para el disfrute del buen arte en una atmósfera cargada de alegría y tranquilidad.

Finalmente, como colofón, la institución sirve de marco propicio para la realización de diversas actividades como el Taller de música popular en el marco del Festival del Caribe.

Monumento escultórico El cimarrón: En un cerro cercano a una de las minas más antiguas de América y desde donde se divisa el valle donde esta situado el poblado de El Cobre, en el comienzo de la cadena montañosa de la Sierra Maestra, se encuentra la Loma del Cimarrón. Desde este balcón natural es posible contemplar uno de los paisajes culturales más interesantes de Cuba. La obra escultórica, homenaje al africano que prefirió la libertad al riesgo de su vida antes que mantenerse en condición de esclavo, fue erigida por el artista santiaguero Alberto Lescay Merencio en la cima del cerro, en diálogo vivo con el santuario de Nuestra Señora La Virgen de La Caridad, patrona del pueblo cubano.

Compañías artísticas: Fundada en 1988, la Compañía Kokoyé es una institución cuyo repertorio danzario y musical recrea las raíces más representativas de la cultura tradicional del pueblo cubano. Especialmente, las expresiones del folklore del oriente de Cuba son asumidas con una alta dosis de espontaneidad y frescura. Debe tomarse en cuenta que en esta parte de la Isla baten los frescos provenientes del Caribe, por lo que en él se incluyen los ritmos y sones venidos de Haití, Santo Domingo y Jamaica, los cuales están muy arraigados en la espiritualidad de los nativos de la zona, sin excluir los del resto del país.

Por lo anterior, se hace natural no sólo disfrutar de joyas musicales, como el complejo del son, que recorre con éxito el mundo; el merengue haitiano y dominicano o el reggae jamaicano y complejos

músico-danzarios como la Tumba Francesa y ritos como los del vodú, la santería y los propios de los negros congos, en puestas en escenas que estremecen y excitan al más insensible de los mortales.
Las obras del Kokoyé arrastran al espectador al huracán de las fiestas, respetando al mismo tiempo el folklore en el que descansa su quehacer artístico, hecho con gran rigor profesional y alta elaboración estética. En sus constantes búsquedas creadoras, la Compañía descubrió en lo real-maravilloso del ser caribeño la expresión más auténtica de la cultura popular en la cual precisamente lo mágico desempeña un papel tan relevante que es imposible resistirse a ser llevado de la mano de estas puestas en escena por el canto y el misterio de esta cultura mulata donde brilla el sello distintivo de la herencia de la cultura que nos vino de África.
El Director de la compañía es el bailarín y coreógrafo Juan Bautista Castillo, inquieto indagador en la cultura cubana y una personalidad

que ha obtenido numerosos premios nacionales y se ha paseado por casi todos los confines del mundo.

Plantilla de la institución

Para dar cumplimiento a la misión y las funciones que le han sido encomendadas, la Casa del Caribe cuenta con una plantilla de 43 trabajadores, de ellos 15 dedicados a la actividad científica para un 34 %.

Complejidad de su actividad científica y tecnológica

Nivel de integración de los proyectos y/o servicios especializados que ejecuta.

Todos los proyectos de investigación científica de la Casa del Caribe y, por ende de sus trabajos de promoción cultural, se encuentran vinculados a las necesidades e indicaciones emanadas del Sistema

Nacional para la Cultura y de las direcciones e instituciones locales de la estructura nacional del Ministerio de Cultura, así como también de aquellas de otros organismos centrales del Estado, sus órganos locales y a las propias necesidades de la sociedad cubana en su conjunto. Entre ellas podemos consignar los siguientes, a modo de ejemplo:

1. Sistema Nacional de Casas de Cultura.
2. Movimiento de artistas aficionados.
3. Atención especializada a los grupos y comunidades portadores de cultura tradicional de todo el país.
4. Ayuda al Departamento de lucha contra la agresión a la vida del MININT
5. Prevención infantil

Capítulo V.- Resultados obtenidos en las investigaciones y formas de su aplicación en la práctica social.

Impacto económico y social de estos resultados.

El impacto económico y social, en términos culturales, está pues sobradamente comprobado no sólo por el volumen y aplicación a la vida social de la nación de estas investigaciones, sino asimismo y en igual o superior medida por las 23 ediciones del Festival del Caribe, Fiesta del Fuego, y sus eventos teóricos implícitos en ellas. El impacto económico se demuestra sobradamente en que, cada una de sus ediciones, se autofinancia totalmente tanto en moneda nacional como en divisa libremente convertible.

Impacto científico, tecnológico, económico, social y/o medio ambiental de estos resultados.

Los trabajos de investigación han contribuido, y siguen contribuyendo, a romper la escondida mecánica de los procesos sincréticos y sociales llevados a cabo en el Caribe y a establecer los principios que continúan rigiendo en estos mismos procesos.
No hay especulación política posible sin conocimiento de la sociedad a la cual se refiere. Las investigaciones sobre la vida y la cultura del Caribe contribuyen a diafanizar el ámbito inmediato internacional en que la Revolución Cubana se encuentra y, con ello, contribuye a un accionar más sostenible y eficiente.

Incremento sostenido de su eficiencia económica.

La Casa del Caribe es un área presupuestada, a partir de cuyo supuesto el Festival del Caribe se realiza sistemáticamente de forma autofinanciada.

Formas de aplicación de estos resultados a la vida social

No obstante ajustarnos a lo anteriormente dicho en términos financieros, casi toda nuestra actividad está orientada a que el conocimiento científico que se obtiene como resultado del Plan de Investigaciones pueda ser llevado a diferentes formas de aplicación en la sociedad, sea mediante publicaciones en medios escritos u otros soportes, como los audiovisuales y electrónicos. Debe tomarse muy en cuenta que nuestra institución funciona como un Foco cultural permanente irradiando acciones sobre la comunidad inmediata en que está enclavada—Santiago de Cuba—y no siempre estas modalidades de la práctica cultural persiguen objetivos puramente económicos.

En este apartado inicial vamos a aportar información acerca de estos resultados y sus aplicaciones sociales en sus más diversas formas y en otro vamos a referirnos de manera más concreta a los libros y publicaciones periódicas en que se han dado a la publicidad, en el ámbito nacional e internacional, los mencionados resultados.

De ahí que nos sintamos obligados a proporcionar una breve ojeada por los primeros años de existencia institucional y a los proyectos de investigación inscriptos en el Programa de Investigaciones de nuestro Ministerio de Cultura.

Un mínimo recorrido por los primeros ocho años de labor de investigación de la Casa del Caribe nos muestra los siguientes resultados y la dinámica inserción de la institución en la práctica social del medio en que está ella situada, en el que se focalizan de modo especial las expresiones de la cultura tradicional, como las fiestas y los sistemas mágico-religiosos afrocubanos y el espiritismo, así como también el tema de la presencia caribeña en Cuba:

Libros publicados:

Grupos folclóricos de Santiago de Cuba, de José Millet y Rafael Brea. Editorial Oriente, Santiago de Cuba el octubre, 1989.

La rebeldía esclava en el Caribe y América Latina, de Rafael Duharte, La Habana Editorial Arte y Literatura.

El negro en la sociedad colonial por Rafael Duharte, Santiago de Cuba Editorial Oriente.

La rebeldía esclava en la región oriental de Cuba: 1535-1868 (Folleto) Imprenta de PCC Santiago de Cuba, 1983.

Dos aproximaciones a la historia de Cuba (folleto) de Rafael Duharte, Imprenta cultural provincial, Santiago de Cuba 1986.

La huella francesa en Santiago de Cuba, de Rafael Duharte, Editorial.L´Harmattan, París 1988.

Pensamiento vivo de Máximo Gómez (dos tomos), de Bernardo García, Centro Dominicano de Estudios de la Educación, República Dominicana.

Nacionalidad he historia, de Rafael Duharte, Editorial Oriente, Santiago de Cuba 1989.

Un Dominicano en Santiago de Cuba, de José Fernández Pequeño. Editorial Oriente Santiago de Cuba.

En las raíces del árbol de Joel James - Santiago de Cuba Editorial - 1988.

Epistolario Boti-Poveda, de José Fernández Pequeño. Editorial, Editorial Oriente, Santiago de Cuba.

Samuel Feijóo: la obsesión lucida, de José Millet - Ediciones Unión, La Habana.

Acerca de Samuel Feijoo, Virgilio López Lemus con la colaboración de José Millet, Editorial Letras Cubanas, La Habana.

Periplo Santiaguero de Max Henríquez, de José Fernández Pequeño - Editorial Oriente, Santiago de Cuba, 1989.

Teoría y Práctica de la novela policial revolucionaria (1972-1978) de José Fernández Pequeño. Editorial Oriente.

Hacia la tierra del fin del mundo. Editorial Oriente, 1983.

Autor: Joel James

Descripción y alcance: Novela testimonial acerca de la misión internacionalista cubana en la Republica de Angola, en la cual participo su autor.1979

Berenguer Cala, Jorge. La emigración francesa en la jurisdicción de Cuba. Editorial Oriente, 1977

Un episodio cubano contra la anexión en el año 1900. Editorial Oriente, 1977.Autor: Joel James F.

Descripción y alcance: Investigación histórica sobre el momento en que las tendencias del independentismo cubano se unen luego de la separación del Cerro.

También muchos artículos y ensayos el equipo fueron publicados en revistas nacionales e internacionales. De igual modo, muchos de los resultados de investigación se caracterizan en los siguientes logros de importancia social:

Árbol de la Vida, texto del Investigador Auxiliar José Millet, que sirvió de fuente documental para un guión de la compañía danzaria Conjunto Folklórico de Oriente, dirigida entonces por el coreógrafo Tony Pérez.

La reina de las aguas, texto de José Millet y Alexis Alarcón, que sirvió de base para la elaboración de un guión danzario.

Erzilí: obra danzaria monumental del desaparecido coreógrafo Jorge Lefebre basada en el ensayo El Loa Blanche, de José Millet y Alexis Alarcón que fue puesta en escena por el Ballet Real de Wallonie, Bélgica y la compañía danzaria Cutumba.

Los documentales Huellas (vodú) y África tú estas en mí, de Roberto Román; Cordón, (espiritismo), Fundamento (Regla Conga) y Ocha

(Santería) de Jorge Luis Hernández basados en el trabajo investigativo de los miembros del equipo interdisciplinario de estudio de las religiones de la Casa del Caribe y en muchos de los resultados científicos obtenidos por él.

Espíritu, documental de Ramiro Grave de Peralta y de José Millet, basado en el estudio de este último y que es el primero que se realiza en Cuba acerca del tema de la Regla Muertera, también popularmente denominada espiritismo cruzado.

Numerosos programas para el entonces canal televisivo nacional Tele Turquino contaron con guiones escritos por José Millet, como por ejemplo, los referidos al carnaval y las tradiciones festivas caribeñas, personalidades de la cultura nacional y de la región, etc.

La institución promovió conjuntamente en la Dirección Provincial de cultura la celebración por primera vez en Santiago de Cuba de la Jornada de la Cultura Francesa (Abril de 1988), en la cual se incluyó un coloquio científico sobre la presencia francesa en Santiago de Cuba en el que participaron investigadores cubanos y franceses.

Desde su fundación, la Casa contó con la asesoría del sabio Don Fernando Boytel Jambú, él más alto conocedor de la presencia francesa en Oriente de Cuba y a cuyo cargo corrió la reconstrucción del cafetal La Isabelica. Bajo su dirección, parte del equipo de investigadores rastreó sistemáticamente durante varios años las montañas que rodean nuestra ciudad y parte del territorio de la provincia de Guantánamo tras las huellas de esta presencia y con el hallazgo de varias ruinas de los cafetales levantados por estos inmigrantes durante la colonia. Gracias a este trabajo de localización y pesquisa se elevó la propuesta a la Asamblea Municipal del Poder Popular para que el puente El Carmen, uno de los de los más importantes exponentes del desarrollo alcanzado en la construcción de viales por los inmigrantes franceses en el siglo XIX, fuera declarado Monumento Nacional, para lo cual la institución elaboró la fundamentación de los valores históricos y culturales de esta abra ingeniera. Sin este trabajo sistemático de estudio de campo, de levantamiento de información y de hacer conciencia en torno a la importancia de esta herencia cultural de excepcional valor, no pudiera concebirse la ulterior proposición de que las denominadas Ruinas de los cafetales franceses fuesen propuestas y aceptadas como parte del listado PATRIMONIO DE LA HUMANIDAD a cargo de la UNESCO.

Como una vía de llamar la atención acerca de este particular, nos dimos a la organización conjuntamente con la Dirección Provincial de Cultura de Guantánamo, durante cuatro años consecutivos, del evento que denominamos Encuentro sobre la Presencia francesa en la cultura cubana, el cual permitió la promoción e y el intercambio de experiencias entre estudiosos del tema en todo el país. Entre otros notables hallazgos, en el se dio a conocer la existencia de la única Tumba Francesa de carácter rural existente en Cuba, la cual esta ubicada en la comunidad de Bejuco, Sagua de Tánamo, en la actual provincia de Holguín.

En estos años La Casa del Caribe promovió varios foros de discusión que versaron sobre diferentes aspectos del devenir histórica y cultural de los pueblos del Caribe, tal es el caso del encuentro (internacional) de Intelectuales Antiimperialistas del Caribe Maurice Bishop In Memoriam (celebrado en Santiago de Cuba en 1984) organizado conjuntamente por el Centro de Estudios de América (CEA); el Coloquio cubano-francés sobre la huella francesa en Santiago de Cuba (Santiago de Cuba, 1988), el Encuentro de Historiadores Regionales (1984) que ha devenido la reunión científica nacional más importante de este tipo de investigadores de las localidades de todo el país.

El Festival del Caribe, calificado públicamente por nuestro actual Ministro de Cultura como el evento cultural que ocupa en el país la cima de los eventos de su naturaleza, constituye el foco central y de máxima prioridad de la labor de la institución en todos los planos y niveles. En su organización, se emplean a fondo cada uno de los investigadores del equipo profesional de la Casa, que no sólo garantiza la calidad más elevada en una escrupulosa selección del talento artístico local, sino la de los grupos más representativos de las tradiciones culturales vigentes a lo largo y ancho del archipiélago. Deviene por ello en espacio único donde se encuentran las expresiones artísticas mejor conservadas en el país y las del resto de las islas y países que integran el Caribe, los que visitan Santiago de Cuba en tan significativa ocasión.

Mas el Festival sabiamente ha sabido combinar las actividades artísticas con las científicas, de modo que su programa académico concita el interés de especialistas, investigadores, profesionales y scholars de buena parte de la comunidad científica de muchos países del mundo, no sólo de la región al que fundamentalmente está dirigido. La clave está en que mesas redondas, conferencias y otras modalidades lectivas se presentan y discuten los temas trascendentes que son objeto de estudio de especialistas de las ciencias sociales y humanísticas, que los enfrentan en un ambiente de libertad plena y espontaneidad, propicio para el intercambio de experiencias y la discusión de ideas y conceptos catalogados como de máxima importancia.

El Coloquio internacional El Caribe que nos une y los diversos talleres especializados que se realizan en el marco del Festival, han devenido en una referencia significativa para muchos integrantes de la mencionada comunidad científica y para intelectuales cubanos y de cercanas y lejanas zonas del planeta.

En otro orden de cosas, los recursos materiales y financieros empleados en el Festival son obtenidos casi en su totalidad por un trabajo de promoción artística y cultural de la institución, según un plan que se lleva a cabo cotidianamente durante cada año. Este evento resulta rentable gracias a esa tesonera labor que hace posible que el evento no sólo desborde las expectativas de mucha gente del Caribe, sino la visita también de turistas de estos y de otros países del planeta en el orden de los varios centenares. En estos 23 años de vida ininterrumpida, la ciudad de Santiago de Cuba ha alcanzado a ser un lugar de interés cultural y científico en buena medida gracias a la existencia del Festival.

Proyectos investigativos de la institución:

Actualmente la Casa del Caribe desarrolla los siguientes proyectos de investigación de acuerdo con las líneas principales aprobadas por el Consejo de Dirección del Ministerio de Cultura para el sistema nacional de investigación de la cultura:
Proyecto 1: Manifestaciones de la cultura tradicional popular en Cuba y el Caribe.

Clasificación en el sistema de investigación cultural: Cultura popular tradicional y cultura popular cubana (código 012.)

Significación y objetivos generales: Los estudios de la cultura popular tradicional constituyen uno de los aspectos más significativos dentro del complejo problema de la identidad caribeña. Reconocer la importancia de estos grupos humanos como portadores de formas culturales propias y el papel que desempeñan en la construcción de las relaciones entre la cultura nacional y su patrimonio cultural original es fundamental para comprender el amplio universo de nuestra diversidad cultural. El registro de los grupos portadores de la cultura popular tradicional cubana y el estudio del conjunto de rasgos culturales a los cuales estos dan sentido propio a sus acciones es el objetivo de esta investigación.

Proyecto 2: Religiones del pueblo de Cuba y sus relaciones con fenómenos semejantes en el resto del Caribe y en África.

Clasificación en el sistema de investigación cultural: Cultura y religión (código 018.)

Significación y objetivos generales: Las religiones populares de base africana y que tienen lugar especial en la región oriental de nuestro país constituyen una valiosa herencia cultural que adopto y adopta originales formas de expresión en el Caribe. La influencia de la religión para ordenar los sistemas de visión del mundo de los hombres, como uno de los esquemas ordenadores de mayor significación en la cultura a la vez que elemento central de producción de sentidos y significaciones especificas; convierte a este aspecto del devenir humano en uno de los aspectos más importantes para acercarse a los estudios de la identidad cultural en Cuba y el Caribe. De ahí que los objetivos fundamentales de este proyecto estén dirigidos a conocer los principios religiosos que norman estas practicas y las diferentes modalidades (santería, espiritismo, vodú y Regla conga) que adopten los casos en variados contextos simultáneamente que otorguen a cada grupo religioso una personalidad distintiva dentro de la pluralidad de expresiones religiosas.

Proyecto 3: El espiritismo en el Oriente de Cuba.

Clasificación en el sistema de investigación cultural: Cultura y religión (código 018.)

Significación y objetivos generales: Oriente es una región histórica, de las más importantes en lo concerniente a los procesos de formación de las identidades locales y nacional, en los que intervienen los sentimientos, ideas, conceptos y visiones del mundo portados por los sistemas religiosos. De ahí el interés por identificar, describir, valorar y estudiar las variantes numerosas del espiritismo, uno de los sistemas de más arraigo y extensión en la población oriental en el nicho natural y social en que ellas surgieron y se manifiestan cada día con mayor fuerza persiguiendo una dinámica poco estudiada por las ciencias sociales.

Resultados esperados: Un inventario de cada una de las variantes del espiritismo, sus características y funciones dentro de la comunidad donde actúan y en las comunidades donde ejercen una fuerte influencia. Se comparan esas variantes entre sí y se inscriben el panorama de las demás tradiciones religiosas del pueblo cubano. Esta data y su procesamiento servirán de material de estudio y para escribir artículos y concluir un libro en estado de redacción.
Proyecto 4: La personalidad religiosa de Santiago de Cuba.
Clasificación en el sistema de investigación cultural: Cultura y religión (código 018.)
Significación y objetivos generales: El santiaguero se distingue con rasgos muy propios en el ámbito de toda la nación. Resulta indispensable seguir ahondando en la historia de Santiago de Cuba a fin de conocer a fondo los procesos en los que fraguó esa personalidad tan sui generis con rasgos especiales en el ámbito de la expresión de la cubanía, en los que sin duda alguna han

desempeñado un papel decisivo los valores, sentimientos, conceptos y visiones del mundo de los diversos sistemas religiosos en los que se han desenvuelto o han actuado sobre la familia, el barrio o una comunidad más amplia donde ha desarrollado su vida el nativo local. Entre éstos, cabe mencionar las diversas expresiones de religiosidad popular, las de los denominados cultos sincréticos afrocubanos y las del espiritismo. Esas manifestaciones de religiosidad serán identificadas, descritas, estudiadas y comparadas en el contexto de las restantes tradiciones religiosas del pueblo santiaguero a fin de contar con un cuadro de lo más abarcador que fuera posible de su espiritualidad.

Introductores: Casa del Caribe, Direcciones provincial de cultura y Universidad de Oriente.

Proyecto 5: Historia, cultura y vida cotidiana en pequeños poblados: el caso de El Cobre.

Clasificación en sistema de investigación cultural: Estudios de historia y de la cultura en la realidad (código 033.)

Significación y objetivos generales: La importancia del poblado de El Cobre para la cultura cubana no sólo está dada por el hecho de ser allí donde se encuentra el santuario que rinde culto a la Virgen de la Caridad del Cobre, culto de mayor significación para la nación cubana, sino también por tratarse de un espacio cultural que por sus particularidades de poblamiento, economía y tradiciones culturales permite aportar mas de una interpretación al complejo proceso de construcción de las identidades regionales. El objetivo de este proyecto es, entonces, el estudio de la historia y cultura de El Cobre y su significación para la dinámica sociocultural de la región oriental de Cuba y el Caribe.

Proyecto 6: Fiestas populares y tradicionales en Cuba y el Caribe.

Clasificación en sistema de investigación cultural: Cultura popular tradicional y cultura popular cubana. (Código 012.)

Significación y objetivos generales: El estudio del universo festivo de un pueblo resulta de gran importancia como elemento que contribuye a fortalecer la identidad cultural y la colisión social del grupo, como sumario donde mejor se muestran los procesos de redefinición del patrimonio cultural para adaptarlo a la dinámica sociocultural de las circunstancias en las que se desarrolla la festividad, de ahí que este proyecto se proponga la indagación en torno a la historia y los rasgos culturales que identifican a estas festividades con énfasis particular en el carnaval santiaguero y otros del arrea caribeña como los carnavales de Santo Domingo y Santiago de los Caballeros en República Dominicana, el de Barbados etc.

Proyecto 7: Estudios arqueológicos en Cuba y el Caribe.

Clasificación en sistema de investigación cultural: Estudios arqueológicos (código 037.)

Significación y objetivos generales: Los valiosos aportes de la Arqueología para el conocimiento son indispensables para la

- -

comprensión de las presentes configuraciones estilísticas y culturales de Cuba y el Caribe. Este proyecto se propone estudiar los principales sitios arqueológicos en la región sur oriental de Cuba y abarca la excavación tanto de residuarios aborígenes en zonas rurales como de basureros en centros poblados lo cual permite ofrecer explicaciones sobre las condiciones de existencia de los grupos humanos establecidos en estos sitios, los procesos de estructuración y desarrollo de las condiciones como forma de conocer las particularidades que definen los elementos identificativos regionales que permiten a su vez referir actitudes similares en otros países del Caribe.

Proyecto 8: Presencia francesa en el Oriente de Cuba.

Clasificación en sistema de investigación cultural: Estudios de historia y de la cultura en la realidad (código 033.)

Significación y objetivos generales: La sociedad santiaguera del siglo XIX se desarrolló bajo el influjo decisivo de la plantación cafetalera y del impulso comercial que la emigración francesa propició en la región oriental de Cuba. La indagación en torno a la semilla que en la cultura de Santiago de Cuba dejaron estos inmigrantes es de gran importancia a la hora de acercarnos a los procesos de construcción de la identidad local y regional es el objetivo de este proyecto de investigación.

Proyecto 9: Artes plásticas en Santiago de Cuba y el Caribe. Tendencias y perspectivas.

Clasificación en sistema de investigación cultural: Origen, evolución histórica, tendencias y perspectivas del desarrollo de la cultura artística y literaria nacional y de América Latina y el Caribe. (Código 003.)

Significación y objetivos generales: Los estudios sobre las artes plásticas resultan significativos como un elemento más que permite valorar los rasgos presentes en el proceso artístico de Cuba y el Caribe por constituir no sólo el espacio creativo donde se expresa toda la diversidad de nuestro acervo cultural, sino también por convertir a esta manifestación del arte en un testimonio de la problemática artística, estética y sociocultural de nuestros países. El objetivo de este proyecto es conocer los momentos y creadores más representativos del quehacer artístico en Santiago de Cuba y su relación con los contextos culturales en los que se origina la obra de arte.

Proyecto 10: Historia de las instituciones culturales y sociales en Santiago de Cuba.

Clasificación en sistema de investigación cultural: Estudios de historia y de la cultura en la sociedad (código 033.)

Significación y objetivos generales: Este proyecto comenzará con la reconstrucción de la historia de la Casa del Caribe a través de la recopilación de los documentos programáticos y de los momentos más importantes de su quehacer investigativo y promocional y tiene como objetivo central el estudio de las principales instituciones culturales de Santiago de Cuba, de mucha importancia para la historia de la cultura regional.

Proyecto 11: Personalidades de la cultura y la vida social en el Oriente de Cuba.

Clasificación en sistema de investigación cultural: Pensamiento cultural cuba. Personalidades de la cultura cubana. (Código 005.)

Significación y objetivos generales: El estudio sobre personalidades de la cultura cubana es de gran significación para el cocimiento de la evolución y desarrollo del pensamiento cultural de nuestro país. En su fase inicial, este proyecto tiene como objetivo la indagación en torno a la vida y obra literaria de una de las figuras más importantes de la literatura santiaguera, José Soler Puig.

Proyecto 12: Relación cultura-turismo en Cuba.

Clasificación en sistema de investigación cultural: Cultura y turismo. (Código 014.)

Significación y objetivos generales: La inserción del turismo como proyecto económico alternativo a partir de los años 50 en Cuba adquiere gran importancia por las implicaciones económicas y socioculturales que esta industria ha traído para la sociedad cubana. Fenómeno que surge registrado en la lista del desarrollo económico y como representación ideológica simbólica de las sociedades de consumo razón por la cual toma gran importancia tanto para los países emisores como los receptores, de ahí que este tema tenga como objetivo examinar las implicaciones culturales que la implantación del sistema turístico en el contexto contemporáneo pudiera haber generado en zonas de la cultura local considerando para este análisis la relación existente entre los procesos de construcción de las identidades locales y el paradigma del turismo como agente catalizador del desarrollo.

Proyecto 13: Estudio sociológico de la institución esclavista en Cuba.

Clasificación en sistema de investigación cultural: Cultura y nación. (Código 006.)

Significación y objetivos generales: La sociedad cubana debe ser investigada tomando en cuenta el papel decisivo que en ella desempeñó la institución esclavista. Se impone pues un estudio interdisciplinario para situar en su justo lugar este papel que alcanza a los procesos de estructuración social, de las clases y grupos sociales que entraron en conflicto y estructuran sus valores, visiones del mundo y espiritualidad a partir del background aportado por la institución de servidumbre y todo el mundo que ésta generó. Este proyecto está dirigido a indagar a fondo en este proceso totalizador, focalizando su atención en la función trascendente y el alcance en ocasiones inimaginable de la esclavitud en el devenir y presente de nuestra sociedad en su conjunto.

Proyecto 14: Procesos de formación nacional y de identidad cultural.

Clasificación en sistema de investigación cultural: Interculturalidad, identidad y diversidad cultural en Cuba, América Latina y el Caribe. (Código 012.)

Significación y objetivos generales: Los diversos procesos de formación de las diversas identidades ocupan un principalísimo puesto en el estudio de las sociedades surgidas en el devenir de la historia de los pueblos del Caribe. De ahí que, desde la fundación misma la Casa del Caribe, haya constituido uno de sus objetivos principales de su programa de investigación y estudios. Muchos son los factores que intervinieron en la formación de la nación cubana y en la construcción de una identidad propia, que nos distingue en el conjunto de los pueblos que forman parte de la región y aun de América Latina;   a su estudio desde una perspectiva interdisciplinaria e intercultural está encaminado el presente proyecto, que descansa al mismo tiempo que se articula armónicamente con el resto de los proyectos que constituyen la razón de ser de nuestro quehacer científico-investigativo.

Proyecto 15: La Familia Palera en el Oriente de Cuba

Autor: Abelardo Larduet Luaces

Descripción y alcance: Este proyecto de investigación propone, a nivel tipológico y conceptual, un estudio a profundidad del esquema de familia que se concibe dentro de la Regla de Palo o Conga en el oriente del país.

El fenómeno de esta práctica religiosa en la zona –con toda seguridad me aventuró a decir—es que dentro del país es uno de los menos estudiados, en relación con las demás formas de ejercitaciones religiosas de base africana que existen.

Esta modalidad, vista como el portento de la muertería, por la dependencia que se establece con los muertos, familiares, no familiares y otros desconocidos, nos aproximan un tanto, a la tradición y ancestralidad, de aquellos pueblos de culturas bantú del

África Subsahariana; en donde la relación muerte-vida, vida-muerte, que se focaliza determinan la dinámica cultual y por ende el concepto de familia religiosa. La importancia del estudio de este linaje de creyentes, es que a su vez, se insertan, por una suerte de desdoblamiento de los sujetos practicantes, en el panorama modelo social de la cubanía, con toda la espiritualidad de su complejo mundo cosmogónico con ausencia de discrepancias. Es decir, el esquema familiar que se muestra en las diferentes formas de creencias de origen africano en Cuba, armoniza dentro del modelo general del parentesco; complicando de esta manera el estudio de la macro familia cubana; razón mas que suficiente para que este fenómeno sea digno de una exploración exhaustiva, que den respuestas comprensivas para un mejor enfoque de lo cubano.

Capítulo **V-1. Publicaciones como vía de salida de los resultados de las investigaciones**

Libros
2003
Hacia el final de la noche. Ediciones Santiago, 2003.
Autor: Julio Corbeta Calzado.
Descripción y alcance: Narraciones con fuerte tinte testimonial en torno a la vida de personas sencillas y comunes, así como de la propia vida, de un pequeño poblado santiaguero en él su autor nació y vive y del cual es su historiador.
2003
Denominación y alcance del resultado: Sacred Spaces: Religious traditions of   Oriente Cuba.
Autores: José Millet y Jualynne Dodson.

Descripción y alcance: Libro de más de doscientas páginas con ilustraciones escrito por el Investigador Auxiliar José Millet y la investigadora afro norteamericana Dra. Jualynne Dodson, profesora de la Universidad Estatal de Mitigan, fruto de varios años de trabajo de campo, pesquisas e indagación acerca de las tradiciones religiosas del pueblo cubano vigentes en la región oriental de la Isla. Focaliza su atención en los conceptos e ideas básicos en torno a lo que sus autores denominan espacios sagrados, que son tratados dentro de la mundialmente famosa santería cubana o Regla de Ocha, el vodú, la Regla Conga y las variantes del espiritismo. Es el resultado más sobresaliente de varios años de colaboración entre el Equipo de Estudio de las religiones caribeñas que dirige Millet y el African Atlantic Reserach Team que dirige la Dodson, así como de la discusión acerca del objeto principal de que trata la obra, la cual será publicada próximamente por la Universidad de la Florida. De acuerdo con la minuciosa revisión de lo escrito hasta el presente, nosolo es la primera vez que el tema de los espacios sagrados es referido a este territorio oriental, sino que seria también la primera publicación que se hace en idioma ingles de los resultados del estudio de estas religiones que concitan tanto interés en la comunidad científica internacional.

La obra es acompañada de un glosario referido a las religiones afrocubanas y el espiritismo.

Introductores: Casa del Caribe, Michigan State University, University of Florida Press.

Antología de la Plástica Santiaguera (siglos XVI al XX)

Autor: Raúl Ruiz Miyares.

Descripción y alcance: Texto donde se registran, analizan y colocan en su justa perspectiva las principales expresiones de las artes plásticas de la ciudad de Santiago de Cuba, sus creadores principales y las instituciones relacionadas con este quehacer estético. Es el primer texto que se publica en Cuba destinado a exaltar los valores de una localidad de tanta importancia para el país como es Santiago de Cuba, cuna de la primera obra pictórica creada por el negro libre Fernando Boytel Jambú. Ediciones Santiago y la Casa del Caribe. Libro en proceso de edición.

2002

Cuba, 1900-1928: la República dividida contra sí misma. Editorial Oriente, 2002.

Autor: Joel James Figarola

Descripción y alcance: Investigación histórica y sociológica de lo se ha dado en llamar la "primera Republica".

Sistemas Mágicos-Religiosos Cubanos. Principios Rectores. Ediciones Unión, La Habana, 2002.

Descripción y alcance: Colección de ensayos de índole sociológica y filosófica en los que el autor estudia la formación y características de los principales sistemas mágico-religiosos actualmente existentes en la Isla y los principios que rigen a cada cual y aquellos que

envuelven a más de uno de ellos. Se trata del mayor esfuerzo intelectual y humano para tratar de superar la forma descriptiva y habanero centrista con que ha solido tratarse el tema en los últimos años por autores que en ocasiones se han dejado arrastrar por el boom prevaleciente basado en el interés internacional y la canalización y comercialización a que se les ha sometido.
Frágiles puentes de la memoria. Ediciones Santiago, 2002.
Autor: Julio Corbea Calzado
Descripción y alcance: Testimonios en torno a la vida social de un pequeño poblado de Santiago de Cuba.
La Nganga Centro de Culto Palero.   Ediciones Santiago, Santiago de Cuba, 2002.
Autor: Abelardo Larduet Luaces
Significación y alcance: Libro que proporciona una aproximación de manera tipológica y conceptual el valor para los paleros de la nganga (centro de concentración de fuerza mágico religiosa) en donde se

enfatiza al receptáculo mágico como el centro de esta practica religiosa de fuerte presencia a lo largo y ancho de nuestro país; a su vez analiza con cierta profundidad, el concepto del sacrificio de los animales y la importancia de los cantos dentro de los ejercicios rituales.

Casa del Caribe: sueño y realidad. Editorial Oriente, Santiago de Cuba, 2002.

Autor: Leticia Milián.

Descripción y alcance: Obra que intenta rescatar la historia y quehacer de la Casa del Caribe y de su Festival Fiesta del Fuego, con el empleo de documentos y entrevistas a sus fundadores.

Memoria Documental del Fondo Personal de Fernando Boytel Jambú. Santiago de Cuba, 2002.

Autor: Laura Cruz.

Descripción y alcance: Libro que recoge los principales documentos del Archivo personal del sabio santiaguero Fernando Boytel Jambú.

Clasificados, ordenados cronológicamente y con comentarios del autor de la compilación.

Los caminos y la palabra de José Soler Puig. Editorial Oriente, Ediciones Santiago, 2002.

Autor: Alejandro Cabal

Descripción y alcance: Brillante indagación y análisis de la vida y la obra de creación artística de uno de los narradores y escritores más importantes de Cuba y de América Latina. Obra que recibió premio en investigación literaria.

2001

La ciudad revisitada. Ediciones Santiago, 2001.

Autores: Julio Corbea Calzado, Jorge Ulloa, Kenia Dorta.

2000.

El Caribe entre el ser y el definir. Editora Tropical, Republica Dominicana, 2000.

Autor: Joel James

Descripción y alcance: Brillante y trascendental ensayo de indagación histórica y sociológica en torno a diferentes aspectos de la cultura caribeña.

Diccionario de la lengua conga residual en Cuba. Oficina Regional para América Latina y el Caribe de la UNESCO, La Habana, 199..

Descripción y alcance: Original del investigador cubano Teodoro Díaz Fabelo rescatado del olvido y la desidia en los archivos de la Oficina Regional de Cultura para América Latina y el Caribe, de la UNESCO, y de los fondos la Biblioteca Nacional José Martí. Luego de una minuciosa revisión y análisis por parte del equipo de Estudio de las Religiones Populares y del Departamento de Ediciones de la Casa del Caribe fue publicada gracias al concurso de la mencionada Oficina y de la universidad de Alcalá de Henares, de España. Constituye uno de los aportes más trascendentales para el estudio y conocimiento de la bantuidad en América Latina Y en cuba, en especial. Centrada en el ámbito lingüístico y religioso relacionado con la denomina Regla conga.

1999

Sistemas mágico-religiosos cubanos: principios rectores. Ediciones UNESCO, Caracas, Venezuela, 1999.

Autor: Joel James F.

Descripción y alcance: Libro recién editado por la UNESCO que trata filosóficamente los contextos de los cultos sincréticos afrocubanos. Incluye un glosario de voces concernientes a estos sistemas religiosos.

El caballo Bermejo. Editorial Oriente, Santiago de Cuba, 1999.

Autor: Joel James F.

Descripción y alcance: Novela fundamentada en una valiosa interpretación histórica del autor que trata sobre Santiago de Cuba durante la guerra de 1895.

La muerte en Cuba. La Habana, Ediciones UNION, 1999.

Autor: Joel James F

Descripción y alcance: Ensayos sobre la presencia de la muerte como categoría cultural en la Historia de Cuba, en la vida y obra de José Martí y en los sistemas mágico-religiosos cubanos.

Las religiones afrocubanas, hoy. Fundación Eugenio Granell, Santiago de Compostela, España.

Autor: José Millet Batista.

Descripción y alcance: Libro en que son presentados los principales sistemas mágico-religiosos cubanos, tanto los que existen en la parte oriental como en la occidental de la Isla de Cuba. Es acompañado de imágenes y de un profuso léxico en español y en inglés.

El rostro de Santiago Apóstol en Cuba. Fundación Eugenio Granell, España, 1999.

Autor y compilador: José Millet B.

Descripción y alcance: Compilación de los documentos, ensayos, artículos y testimonios relacionados con Santiago Apóstol en tanto santo tutelar bajo cuya advocación fue fundada la Villa de Santiago de Cuba y su notable papel como fuente de inspiración para la creación popular, como las de las tradiciones festivas y diferentes expresiones de la religiosidad popular.

1998

El vodú en Cuba. Editorial Oriente, Santiago de Cuba, 1998. (Segunda edición.)

Autores: Joel James, José Millet y Alexis Alarcón.

Descripción y alcance: Investigación antropológica en la cual se descubre y explica la existencia de una variante organizada del vodú en Cuba. Obtuvo Diploma de Reconocimiento y luego Premio en la categoría de investigación socio-cultural del Ministerio de Cultura de Cuba.

1997

Martí en su dimensión única. Editorial Oriente, Santiago de Cuba, 1997.

Autor: Joel James F.

Descripción y alcance: Ensayo sobre la articulación del sistema conceptual martiano con el presente del pueblo cubano.

El espiritismo, variantes cubanas. Editorial Oriente, Santiago de Cuba, 1997

Autor: José Millet

Descripción y alcance: Libro que estudia las principales variantes cubanas del denominado espiritismo que en consideración del autor es no solo él mas extendido y arraigado del país, sino el que define la mentalidad religiosa del pueblo cubano.

Barrio, comparsa y carnaval santiaguero. Editora Universitaria de la Universidad Autónoma de Santo Domingo, 1997.

Autores: José Millet, Rafael Brea y Manuel Ruiz Vila.

Descripción y alcance: Trascendental obra que rescata parte de la memoria colectiva de los sujetos creadores y principales líderes del carnaval santiaguero. Esta precedido por ensayos con marcado enfoque de la sociología y la antropología. Incluye varios testimonios de prominentes figuras de esta famosa fiesta oriental. Compartió el Premio en investigación sociocultural del Ministerio de Cultura.

1996.

Vergüenza contra Dinero. Santiago de Cuba, 1996.

Autor: Joel James F.

Descripción y alcance: Abordaje critico, desde posiciones revolucionarias, de la realidad social, política y económica de la Cuba actual.

¿Coincidencia o presencia china en la cultura cubana? Editorial Gente, Santo Domingo, Republica Dominicana, 1996.

Autores: Manuel Ruiz Vila y Pascual Díaz

Descripción y alcance: Investigación acerca de la presencia china en la historia, la sociedad y la cultura de Cuba, tomando como patrón su lugar, desarrollo y papel en la ciudad de Santiago de Cuba.

Glosario mágico religioso cubano. Ediciones Gaby, Venezuela, 1996.

Autor: José Millet B.

Descripción y alcance: Compilación de voces de las principales religiones tradicionales del pueblo cubano como el espiritismo, la Regla de Ocha o santería y loa Regla Conga. Siete potencias. Religión yoruba. Ediciones Gaby, Venezuela, 1996.

Autor: José Millet B.

Descripción y alcance: Presentación comentada del sistema mágico-religioso cubano conocido por Regla de Ocha o santería cubana, con un profuso glosario.

Elementos africanos en la pintura cubana. Editorial Academia, La Habana, Colección Africanía, 1996.

Autor: Raúl Ruiz Miyares.

Descripción y alcance: Libro que indaga en las raíces de la impronta del imaginario colectivo de origen africano y su impacto trascendental en la creación plástica del cubano, en particular en su labor pictórica. El autor se ha dedicado a estudiar no solo el ámbito de las artes plásticas, sino también como en ellas están presentes los modelos y pautas de la estética del continente africano.

1993

Del mundo terrenal a las fuerzas ocultas. Hablan los espiritistas cubanos. Editorial Travesía, México, 1993.

Autor: José Millet

Descripción y alcance: Basado en la aplicación de herramientas conceptuales cuidadosamente seleccionadas, el autor ha puesto a hablar a los sujetos portadores de las creencias y practicas que caen dentro de ese sistema mágico-religioso denominado espiritismo, no solo él mas extendido y arraigado en la conciencia del pueblo cubano, sino aquel que define esencialmente su visión del mundo y su peculiar modo de asumir la vida y aspectos tan controvertidos como la muerte. Es la primera vez que una obra de pretensión antropológica se logra que practicantes de la denominada Regla Muertera o espiritismo cruzado y del espiritismo de cordón hablan con entera libertad acerca de sus ideas, sentimientos, creencias y experiencias vitales en estrecha comunión con ese su mundo religioso. Contiene un importante glosario de voces y expresiones usadas por estos creyentes.

1994

Glosario mágico-religioso cubano. Editorial Oriente, Santiago de Cuba.

Autor: José Millet

Descripción y alcance: Libro que recopila y comenta las principales voces empleadas actualmente en algunos sistemas de pensamiento mágico-religioso del pueblo cubano, en particular el que habita el Oriente de la Isla. Focaliza especialmente su atención su atención en el espiritismo en sus variantes domesticas.

1992.

El vodú en Cuba. Centro Dominicano de Estudios de la Educación, Republica Dominicana, 1992.

Autores: Joel James F., José Millet y Alexis Alarcón.

Descripción y alcance: Edición original de este libro que pasará a la historia como el primero que se escribe en Cuba en torno a la existencia, extensión y arraigo de la religión conocida por vodú, aportada por los inmigrantes haitianos. Esta edición príncipe, mereció Diploma de Reconocimiento del Consejo Científico del Ministerio de Cultura de Cuba.

1989

Grupos folklóricos de Santiago de Cuba. Editorial Oriente, Santiago de Cuba, 1989.

Autores: José Millet y Rafael Brea.

Descripción y alcance: Libro que registra, describe y comenta las principales agrupaciones del carnaval santiaguero: desde los mas que centenarios cabildos de fuerte raigambre africana, pasando por las principales comparsas congas y paseos, hasta las actuales agrupaciones de artistas aficionados y aun las compañías profesionales que recrean el folklore local. Incluye un glosario comentado por los autores de la obra.

Acerca de Samuel Feijoo. Editorial Letras cubanas, La Habana.

Descripción y alcance: Libro en el que se incluye un ensayo de uno de los investigadores de la institución y la obra dedicada analizar y valorar la trascendencia de uno de los folkloristas e investigadores más importantes que ha tenido Cuba en lo relacionado con el folklore campesino: Samuel Feijoo.

1989.

Aproximación al diario de campaña de José Martí. Ediciones Caserón, 1989.

Autor: Joel James F.

Descripción y alcance: Ensayo de indagación histórica y filosófica sobre el excepcional testimonio del Apóstol.

Sobre muertos y dioses. Ediciones Caserón, Santiago de Cuba, 1989.
Autor: Joel James F.
Descripción y alcance: Investigación antropológica sobre los componentes de pensamiento puro presente en los sistemas mágico-religiosos cubanos.
1988.
En las raíces del árbol. Editorial Oriente, 1988.
Autor: Joel James
Descripción y alcance: Ensayos sociológicos y culturales sobre distintos aspectos de la cultura popular cubana.
1987
Métodos de la Investigación Científica. Editorial de Ciencias Sociales de la Habana, La Habana, 1987.
Autor: Julián Mateo Tornes.
Descripción y alcance: Traducción hecha por el autor del libro del académico ruso Georgui I. Ruzavin.

Tipos Históricos de Unidad del Conocimiento Científico. Editorial de Ciencias Sociales, La Habana, 1987.
Autor: Julián Mateo Tornes.
Descripción y alcance: Resumen de la tesis del autor para optar por el grado científico de Candidato a Doctor en Ciencias, el cual le fue otorgado por el Tribunal ante el cual la expuso y defendió.
Publicaciones periódicas
2003
Julio Corbea Calzado: Conflictos anglo hispanos por enterramientos en El Cobre (No. 41, 2003, Del Caribe)
JCC: Leonardo Griñán Peralta en la memoria de su hijo Aldo. Del Caribe, no. 40, 2003.
JCC: La dignidad de los inmolados. Del Caribe, no. 36, 2001,
Abelardo Larduet Luaces: Mis Recuerdos de Cunino. Del Caribe, no 41, año 2003.

Abelardo Larduet Luaces: Una mirada a la Presencia de la Cultura Bantú Dentro de la Regla de Osha o Santería Cubana. Publicado en Actas de la Vll Conferencia Internacional de Cultura Africana y Afroamericana. Pág. 153–161. Edición del Centro Cultural Africano "Fernando Ortiz"
Raúl Ruiz Miyares: Presencia Bantú en la obra de Wifredo Lam: Una aproximación a La Jungla. Actas del IV encuentro de Africanía en las América, Centro Cultural Africano, abril del 2003.
Jorge Berenguer Cala: Artículo en el periódico Caribe de Republica Dominicana sobre José Martí. 28/1/03. Tiene dos trabajos en proceso de publicación: El Cafetal San Antonio en el boletín, del Museo del Hombre Dominicano de Republica Dominicana.
2002
Joel James F.: Por la muerte de un Tata Nganga. Del Caribe, no.39, p. 24-25.
JCC: El naufragio de La Themis (No. 39, 2002, Del Caribe)

JCC: Cinco imágenes, casi anécdotas y cinco observaciones, nada desinteresadas sobre veinte festivales del Caribe. Del Caribe, no. 38, 2002.

JCC: Apuntes para la historia de los jornaleros españoles de las minas de El Cobre. Del Caribe no. 37, 2002.

Orlando Vergés Martínez: La haitianidad en el contexto de la cultura popular tradicional cubana. Del Caribe, no.39, p.43-45.

Kenia Dorta A.: Una investigación policial en torno al tráfico de esclavos, en revista Del Caribe, Santiago de Cuba, n. 37, 2002, p 23. 2002.

Raúl Ruiz Miyares: Presencia africana en los altares del espiritismo cruzado santiaguero: En Actas del V Coloquio Internacional sobre Cultura Africana y Afroamericana, Centro Cultural Africano "Fernando Ortiz", Santiago de Cuba, Abril del 2002

Raúl Ruiz Miyares Prólogo al libro La Nganga, centro de culto palero, del autor Abelardo Larduet Luaces. Ediciones Santiago, 2002.

Laura Cruz: Artículo Los Bordeleses en Santiago de Cuba, revista **SIC** para la Feria del Libro dedicada a Francia, Febrero 2002.

Laura Cruz: Guión del espectáculo de Gala por la semana de la Cultura francesa en Santiago de Cuba. Enero del 2002.

Laura Cruz: Fundamentación histórica de la sociedad de Tumba Francesa La Caridad de Oriente, para el Brochure del XX Festival del Cine Latinoamericano, 2002.

Artículo en el boletín #32 del Museo del Hombre Dominicano. Ano XXIX, no. 32.

2001

José Millet Batista: Sustrato cultural de la santería santiaguera. Catauro. Revista cubana de Antropología. Fundación Fernando Ortiz, La Habana, año 2, no. 3, 2001.

JMB: La cultura caribeña es un crisol (entrevista) UNEFM El periódico Santa Ana de Coro.Falcón, Venezuela. Junio-julio, 2001, p. 17.
JMB: El espiritismo en sus variantes cubanas. York University, Canadá, Enciclopedia de las Religiones en el Caribe.
Descripción y alcance: Artículo especialmente escrito para este proyecto de una enciclopedia de las religiones vigentes en la región que tiene la particularidad de ofrecer un panorama de las principales variantes del espiritismo existentes en Cuba. Esta obra es singular en tanto sus organizadores y principales contribuyentes son intelectuales del propio Caribe.
Raúl Ruiz Miyares: Arte Primitivo y Literatura Oral. Revista Del Caribe, No 32, Julio del 2001
ALL: Reynerio Pérez en el Panorama de las Creencias de Origen Bantú en Santiago de
Cuba. Del Caribe, No 34, año 2001.

Kenia Dorta A.: Sobre la identidad cultural santiaguera. Santiago de Cuba y el mar, en   Julio Corbea, Kenia Dorta, Jorge Ulloa y Etna Sanz, La ciudad revisitada, Ediciones Santiago, 1ª edición,

Kenia Dorta A.: Ramón Martínez y Martínez: etnólogo e historiador, en el libro de Olga Portuondo, Rafael Duharte, Ivette Sóñora (compiladores): Tres Siglos de historiografía santiaguera, Editorial Oriente, 1ª edición, 2001, p. 132.

José Millet B.: Joel James en la historia de la cultura, en el mencionado libro de varios autores: Tres siglos de historiografía santiaguera. Editorial Oriente, Santiago de Cuba, 2001, p. 151-156.

Kenia Dorta A.: Mercado de Vírgenes. Aproximación a la artesanía actual en El Cobre, en revista Del Caribe, Santiago de Cuba, n. 35, 2001, p. 34.

Abelardo Larduet L.: Las Firmas Paleras. Del Caribe, No 35, año 2001.

Joel James F.: Cruce de Caminos. Revista Del Caribe #36.

Joel James F.: Cuba, república y revolución. Artículo Revista Del Caribe #37.

Joel James F.: A veinte años de un inicio. Artículo Revista Del Caribe #38.

Silvia Faxas López: Festival del Caribe será dedicado a Panamá. Publicado en el periódico EL Universal de Panamá. Mayo.

Silvia Faxa López: De Santiago a Panamá un solo Caribe, unidos por un Festival. Publicado en el periódico EL Universal de Panamá.

SFL: Comentario titulado El Grupo TUIRA llevó el Supermercado y la Rosa de los Vientos, hasta Cuba. Publicado en el periódico El Universal de Panamá.

Revista El Caserón del Comité Provincial de la UNEAC, junio 2001. Artículo.

2000

José Millet B.: El foco de la santería santiaguera. Del Caribe, Casa del Caribe, no. 32, 2000.

Descripción y alcance: Primer artículo publicado en Cuba acerca del surgimiento, desarrollo e impacto de la santería en la ciudad de Santiago de Cuba. Reconstrucción de la memoria histórica en relación con las principales figuras que intervinieron decisivamente en el surgimiento del fenómeno y su expansión fuera del ámbito local. Incluye un árbol genealógico con fechados aproximados sobre las principales familias religiosas de la ciudad.
JCC: Accidentalidad en las Minas de El Cobre. Del Caribe, no. 32, 2000.
JCC: Memoria y voz. Del Caribe, no. 33, 2000.
JMB: Glossary of Popular Festivals, en Judith Bettelheim: **Cuban Festivals. A century of Afro-Cuban Culture**. Markus Wiener Publishers, New Jersey, USA, 2000, p.173-205.
Descripción y alcance: Se trata del primer repertorio de voces publicado en ingles concerniente a las tradiciones festivas del pueblo cubano, especialmente referidas al carnaval santiaguero. Su

importancia mayor tal vez resida en que se incluyen aquellas palabras y expresiones nunca antes registras por investigadores y lexicógrafos de la estatura de Don Fernando Ortiz, de quien se incluye en este libro su glosario acerca de la Fiesta del Día de Reyes.
Kenia Dorta A.: Santiago de Cuba: reencuentro con el mar, en revista SIC, Editorial Oriente, Santiago de Cuba, n.7, 2000, p. 11.
1999
JCC: Leonardo Griñán Peralta: psicología, historia, conflictos raciales (No. 30, 1999, Del Caribe)
JMB: Muerterismo o Regla Muertera. Revista de Folklore, no. 228. Obra Social y Cultural de Caja España, Valladolid, España, 1999, p.208-216.
Descripción y alcance: P0rimer artículo que se publica en torno a una religión surgida de los procesos de la transculturación más recientes que han tenido lugar en Cuba: la denominada Regla Muertera o Muerterismo, descubierta por los miembros del Equipo

de Estudios de las Religiones Tradicionales Populares de la Casa del Caribe.

Maria Isabel Berbés: El Primer Oggún. Del Caribe, No 29/99 Pág. 116.

María Isabel Berbes: Ibbaé Echú Tolú. Del Caribe, No. 30/99 Pág. 110.

1997

JMB: Pacto con lo desconocido. Del Caribe, no 26,1997, p. 51-55.Santiago de Cuba, Casa del Caribe.

Descripción y alcance: Material de interés antropológico resultante de las entrevistas realizadas por el autor al Tata Nganga Vicente Portuondo Martín para la confección de su biografía como personalidad religiosa notable de Santiago de Cuba.

1998

JCC: Agustín Cebrero ¿todavía en la penumbra?) (No. 28, 1998, Del Caribe)

JCC: Liturgias del silencio (No. 29, 1998, Del Caribe.

Kenia Dorta A.," Turismo en Cuba" en revista Iniciativa Socialista, España, diciembre 1998, n. 47, p. 34.

JCC: Cronología mínima (Folleto El Cimarrón, 1997.

Kenia Dorta A.: El Caribe: turismo cultural vs. turismo de masas, en revista Del Caribe. Santiago de Cuba, n. 26.

Kenia Dorta A.: Santiago de Cuba frente al reto del turismo, en Kulturhaus Lateinamerika e.v, Alemania, n.29.

Kenia Dorta A.: Santiago de Cuba entre la modernidad y el turismo, en varios autores, Santiago de Cuba entre la modernidad y el turismo, editorial Kulturhaus Lateinamerika, Alemania, 1ª edición, 1997, p.123.

1997

Laura Cruz: Revista Santiago de la Universidad de Oriente no. 26-27, año 1997.Se trata el tema de los franceses.

Kenia Dorta A.: Rostros del Tiempo. Entrevista a Alberto Lescay, en Conjunto Monumentario Loma
del Cimarrón, Editorial Fundación Caguayo. Santiago de Cuba, s.p.
Raúl Ruiz Miyares La crítica de arte en Don Fernando Ortiz. Publicación realizada en la Universidad Autónoma de Santo Domingo, 1996
1995
Raúl Ruiz Miyares: La pintura de Rosa Ramos. Perfil de Santiago, abril - mayo de 1995
Raúl Ruiz Miyares: La representación de la muerte en los niños con retraso mental a través de la plástica y la narración: En actas del IV Simposio Internacional de Comunicación Social, Centro de Lingüística Aplicada, Santiago de Cuba, Enero de 1995
Raúl Ruiz Miyares: Los duendes de Patricia López. Periódico "Sierra Maestra", 15 de noviembre de 1995, pág. 3
1994

Kenia Dorta Armignac: La propaganda turística convierte nuestra historia en una mercancía, en Perfil Santiago. Publicación Cultural del Periódico Sierra Maestra. Santiago de Cuba. Marzo, p. 4.
Kenia Dorta A.: La artesanía como elemento de la escena. Influencias de turismo en el cambio cultural" de Cuba, en Perfil de Santiago. Santiago de Cuba, Septiembre, 1994, p.3. Publicación cultural del Periódico Sierra Maestra. 1994
JCC: Poesía y temor de Dios (No. 23, 1994, Del Caribe)
JCC: Los días cobreros de Miguel Matamoros (No. 24, 1994, Del Caribe).
Raúl Ruiz Miyares: José Chalarca: palabra y pintura. Perfil de Santiago, junio de 1994.
Raúl Ruiz Miyares: Plástica Santiaguera. Calidad e Imaginación. Periódico "Sierra Maestra", 12 de noviembre de 1994, pág. 2.

Raúl Ruiz Miyares: Sobre el arte primitivo, a propósito del I Taller Internacional de Arte Naif en el municipio Mella. Perfil de Santiago, noviembre de 1992.

1993

 JCC: Comentarios a un intento de cronología de El Cobre (No. 21, 1993, Del Caribe)

JMB: La Virgen de La Caridad de El Cobre y el espiritismo. Del Caribe, no.21, Santiago de Cuba, 1993.

Raúl Ruiz Miyares Crónica de viaje: La Isla sonora de Santo Domingo. Perfil de Santiago, marzo de 1993

1992

Raúl Ruiz Miyares: Elementos africanos en obras de pintores cubanos, Perfil de Santiago, 1992.

Raúl Ruiz Miyares: El Quinto Centenario en la obra pictórica de Lawrence Zúñiga. Perfil de Santiago, 1

Raúl Ruiz Miyares: Interrelación comunicativa objeto cultual - creyente en las religiones populares cubanas: En Actas del III Simposio Internacional de Comunicación Social, Centro de Lingüística Aplicada, Santiago de Cuba, 1991.
1990
JCC: Ceremonia en el Monte (Prisma cultural, Sierra Maestra, 1990)
JCC: La Virgen de la Caridad de El Cobre: construcción simbólica y cultura popular
1991
Raúl Ruiz Miyares: Nuevos lauros para Lawrence Zúñiga. Periódico "Sierra Maestra", 1991
Raúl Ruiz Miyares: Chaka, una leyenda zulú. Periódico "Sierra Maestra", septiembre de 1991.
1990
Raúl Ruiz Miyares: La OUA: síntesis de la unidad africana. Periódico "Sierra Maestra", febrero de

1990
1990-1989

JMB: Aspectos de religiosidad popular angolana. África (Revista do Centro de Estados Africanos, 12-13 (1) 1989/1990. Universidad de Sao Paolo,159-180.

Descripción y alcance: Artículo que trata diferentes manifestaciones de las creencias y rituales religiosos del pueblo angolano basado en investigaciones de campo realizadas en la República Popular de Angola por su autor en compañía de miembros del Equipo de Estudios Religiosos de la Casa del Caribe. Lamentablemente permanece inédito en su país natal.

1990

Raúl Ruiz Miyares: Características de los altares de espiritismo en Santiago de Cuba. Perfil de Santiago, 1990

1989

JMB: La obra narrativa de Samuel Feijoo. Revista Diéresis, año II, no. 1, enero, 1989, p. 3-25. Holguín.

JMB: Del carnaval santiaguero: congas y paseos, en Oscar Ruiz Miyares:

Guía cultural de Santiago de Cuba. Editorial Oriente, Santiago de cuba, 1989.

Raúl Ruiz Miyares: Los tambores batá. Periódico "Sierra Maestra", agosto de 1989.

Raúl Ruiz Miyares: Los tambores congas. Periódico "Sierra Maestra", septiembre de 1989.

Raúl Ruiz Miyares: Algunas reflexiones sobre la escultura africana. Perfil de Santiago, 1989.

Raúl Ruiz Miyares: La rumba de cajón. Periódico "Sierra Maestra", noviembre de 1989.

Abelardo Larduet Luaces: La adivinación con los cocos en la Santería. Del Caribe No 13, año 1989.

1988

JMB: En torno al espiritismo de cordón. Review Revista Interamericana, Universidad Interamericana de Puerto Rico, Puerto Rico, no. XVIII, 1988.

JMB: Fiestas del Caribe. Perfil de Santiago. Año 2, no. 42, 6 oct. 1988

JMB: Periplo caribeño de Heredia. Perfil de Santiago. Santiago de Cuba.1988

JMB: Criterio acerca de una frustrada asamblea. Perfil de Santiago. Año 2, no. 43, 30 oct. 1988.

JMB: Un testimonio de rebeldía de nuestros artistas. Perfil de Santiago, 4 de marzo 1988, año II, no. 28.

JMB: La obra narrativa de Samuel Feijoo. Diéresis (Holguín) año 11, no. 1, enero 1988.

JMB: Una ceremonia del culto rada: el loa blanche. Del Caribe, no. 11, 1988.

JMB: El espiritismo de cordón: un estudio de caso. Del Caribe, no. 12, 1988.

JMB: Huellas africanas en los carnavales santiagueros, en Cultura del Caribe. Memoria del Festival internacional de cultura del Caribe. México, 1988.

Raúl Ruiz Miyares En la muerte de Salvador Dalí. Periódico "Sierra Maestra", enero de 1988

1987

JMB: Loas de las montañas cubanas. Del Caribe, no. 9, 1987.

JMB: Dos comparsas del carnaval santiaguero. Del Caribe, no. 4, 1987.

JMB: Caracterización socioeconómica de la comunidad cubano haitiana de Barrancas.Actas latinoamericanas de Varsovia. Tomo 4, 1987. Universidad de Varsovia.

Descripción y alcance del resultado: Estudio sociológico de una de las comunidades de haitianos y sus descendientes ubicada en el área rural del municipio Palma Soriano, provincia Santiago de Cuba. Se incluyen cuadros estadísticos y croquis. No publicado en Cuba.

JMB: Max Henríquez Breña como historiador de la literatura cubana. Prisma, no. 2, año 2, enero dic. 1987. Universidad Interamericana de Puerto Rico.

JMB: Manifestaciones del vodú en Cuba. Prisma, no. 2, año 2, en-dic. 1987. Universidad Interamericana de Puerto Rico.

JMB: 1987 Acerca de la presencia africana en los carnavales de Santiago de Cuba. Revista de la Biblioteca Nacional José Martí, año 18, Vol. XIX, septiembre- diciembre, 1987.

JMB Y JCC: Presencia haitiana en el Oriente de Cuba (No. 10, 1987, Del Caribe)

JMB: La condesa de Merlín vista por Emilio Bacardí. El Caserón. No. 3, junio 1987. (Santiago de Cuba, UNEAC)

JMB: La expresión nacional en la obra de Samuel Feijoo. Revista Santiago, no.67, p. 177-198, 1987. Universidad de Oriente.

JMB: Samuel Feijoo: la obsesión lúcida. Perfil de Santiago. Año 1, no. 2, 27 febrero 1987.

JMB: Tres novelas de humor. Perfil de Santiago. Año 1, no. 11, 3 de junio 1987.

JMB: La pirueta de Manuel Palacios y Estrada. Del Caribe, no. 7, 1987.

Descripción del resultado: Reseña del libro, increíblemente todavía inédito, de unos de los estudiosos y cronistas mas importantes que ha tenido el carnaval santiaguero.

JMB: El hombre es ancho y ameno. Perfil de Santiago, año 1, no. 17, 15 sept. 1987.

JMB: La TV de verano entre el hastío y la insatisfacción. Perfil de Santiago. Año 1, no. 17, 11 sep. 1987.

JMB: Lengua y poesía. Perfil de Santiago. Año 1, no. 17, 11 sep. 1987.

1986

JMB: Presencia haitiana en el Oriente de Cuba. Revue du CERC, no. 3, 1986. Université Antilles Guyane, Pointe a Pitre, Guadeloupe, Antillas Francesas (FWI).

JMB: Les haitien dans la partie orientales de Cuba. Haiti Progress, New York, Vol. 3, no. 38, 25 au 31 decembre 1985 (primera parte) y Haiti Progress, Vol. 3, no. 39, 1 au 7 janvier, 1986 (segunda parte).

JMB: Suite para Samuel Feijoo. Unión, La Habana, no. , 1986.

JMB: Festival: hablan los invitados. Del Caribe, no. 6, 1986.

JCC: Fuentes documentales para la historia de Santiago de Cuba (No. 6, 1986, Del Caribe)

1984

Julio Corbea Calzado : La comunidad cubana-haitiana de La Caridad (No. 3-4, 1984, revista Del Caribe)

JMB: De la poesía de Samuel Feijoo: El pájaro de las soledades. Unión, La Habana, no. 3, 1984.

JMB: George Lamming, ante todo un hijo del Caribe. Perfil de Santiago. Año no. 9, junio 1984.

JMB: Selección de poemas de Salome Henríquez Breña. Del Caribe, no. 3-4, 1984.

JMB: El sol que ilumina y mata: apuntes biográficos de Ferrer Cabello. Del Caribe, no. 5, 1984.

1983

JMB: Personajes trashumantes en la narrativa caribeña: su expresión en la obra de Samuel Feijoo. Anuario de Artes y Letras. Universidad de Oriente, 1983, p. 344-375.

JMB: Cuatro novelas haitianas. Del Caribe, año 1, no. 2, p. 45-62. Casa del Caribe, Santiago de Cuba.

Especialistas de nuestra institución han elaborado y publicado en catálogos de exposiciones de artes plásticas los siguientes textos:

Exposición *"Las brisas"* de Lawrence Zúñiga.

Exposición *"Transitar la vida"* de Luis Tasset.

Exposición *"Jigües"* de Pedro Jorge Pozo.

Exposición *"Las visiones"* de Berto Luis Ruano.

Exposición *"He aquí el corazón de Santiago"* de pintores santiagueros en Belice.

Exposición *"Quijote y manchas"* de Edgar Camacho.

Exposición *"El color de Santiago"* de Antonio Ferrer.

Exposición *"Mitos afrocubanos"* de Lawrence Zúñiga.

Exposición *"El misterio de nuestra religión"* de Alberto Lescay.

Exposición *"Nganga viva"* de Alberto Lescay.

Exposición *"El prisma de Santiago"* de José Horruitiner.

Instalación *"El proyecto"* del ceramista español Jorge Navarro.

Exposición *"Vuelo"* de Alberto Lescay.

Exposición *"Sentimientos y Torbellinos"* de Alberto Flores.

Exposición *"Vivir entre dioses"* de Lawrence Zúñiga.

Exposición *"Imágenes de mi pueblo"* de Berto Luis Ruano. .

Exposición colectiva de artistas primitivos.

2002

Curiel y su historia de un signo.

Palabras al catálogo de la exposición del escultor y pintor venezolano Henry curiel, estrenada en el XXII Festival del Caribe, en el 2002.

Palabras de inauguración de una muestra colectiva de pintura mexicana en el Salón de Artes plásticas 30 de Noviembre. Santiago de Cuba. Publicado en la pagina web de Cultura provincial y de la Casa del Caribe.

artículos periodísticos publicados en Cuba y en otros países

En la página Web de la Dirección de Cultura de la provincia Santiago de Cuba se han publicado los siguientes artículos:

2003

Boletín XXIII Festival del Caribe.

Bienvenida la Palabra. (Inauguración del Centro de Prensa)

La Identidad que nos Une(Apertura del Festival)

La Fiesta de nuestros Ancestros.

Integridad Caribeña. (Dedicado al Coloquio El Caribe que nos Une.

Cantata al Caribe.(Dedicado al Coro de Bahamas).

Fuego Eterno (Clausura del Festival).

Haití. Un renacer en el Caribe. (Dedicado al Festival del Caribe del 2004.)

Otras formas de introducción de los resultados:

2003

Denominación del resultado: Documentos antropológicos en soporte de video.

Autor: Profesor Julián Mateo Tornes.

Descripción y alcance: Un total aproximado de más de 80 videos de formato VHS de 2 horas de duración cada uno sobre las religiones populares cubanas, sistemas mágico religiosos, sus ceremonias, y festividades tradicionales (carnaval entre otras). Ejemplos: 3 videos sobre ceremonia a Grand Bois (Vodú cubano), Ceremonias de

santería (Iniciación entre otras), etc. Este trabajo se inició en el año 2000 como parte de las investigaciones que acerca de estos temas viene realizando la institución desde la década de los ochenta.
Introductores: Casa del Caribe, Ministerio de Cultura.
Denominación del resultado: Casa del Caribe y su Fiesta del Fuego.
Descripción y alcance: Multimedia que recoge las características y actividades principales de la Casa del Caribe, entre las que sobresale el Festival del Caribe, Fiesta del Fuego. Excelente soporte para la promoción de la institución en sus diversos programas y de su principal evento, ambos con una clara y sobresaliente proyección internacional.
Introductores: Casa del Caribe, Ministerio de Cultura de Cuba.
Denominación y alcance del resultado: Santero.
Autores: José Millet, Abelardo Larduet y tres especialistas alemanes.
Descripción y alcance: Instalación interactiva producida por varios artistas y especialistas alemanes independientes con la asesoría de

los investigadores José Millet y Abelardo Larduet, en cuyos conocimientos de la religiosidad popular esta basada la obra. Recoge en fotos, imágenes y textos los principales momentos del complejo ceremonial de iniciación de una persona en la Regla de Ocha, como tiene lugar en la ciudad de Santiago de Cuba. Es la primera vez que, en este territorio, es realizada una obra artística de carácter interactivo con el tema antes mencionado. Se estreno en la pasada edición del Festival del Caribe.

2003-1996

Denominación del resultado: Participación en el Proyecto de Investigación "El Cafetal Oriental", auspiciado por el CITMA, Universidad de Oriente y la Casa del Caribe, desde enero de 1996. Colaboración: Laura Cruz.

2002

Denominación del resultado: Cuban connection. Edition 16th. Investigador: José Millet.

Descripción y alcance: Fonograma no comercial producido por la Afropop Wordlwide en colaboración con el CRAG (Cuban Research and Analyse Group: Grupo de Estudios y Análisis sobre Cuba) y con la asesoría especializada del investigador José Millet. Registra las diversas y ricas modalidades de la música popular cubana interpretada por cultores profesionales de La Habana y populares del Oriente de Cuba, territorio de donde se incluyen algunas manifestaciones de su folklore. Es guiado por breves pero precisas explicaciones dadas por el musicólogo norteamericano Ned Soublette. Es la primera vez que se intenta dar una visión de conjunto de la salsa, él son y el folklore a lo largo de la Isla, con énfasis particular en su extremo oriental.
Introductores: Casa del Caribe, Afropop Wordlwide.
Denominación del resultado: Yo soy el cimarrón.
Investigador y asesor: José Millet.

Descripción y alcance: Documental producido por la Oficina del desaparecido realizador Santiago Álvarez, en colaboración con la Casa del Caribe. Centrado en las celebraciones rituales del Grupo danzario-musical Palenque Cimarrón, del poblado de El Cobre, nos ofrece un contrapunto entre las tradiciones de religiosidad popular calificadas de espiritistas de son portadores sus integrantes y las relacionadas con el culto a la Virgen de La Caridad del Cobre, pequeño poblado este de gran significación histórica y cultural por cuanto resulta el espacio común donde conviven o coexisten ambas tradiciones.

Introductores: ICAIC, Casa del Caribe.

Denominación del resultado: Los espíritus también bailan mambo.

Investigadores: José Millet y Abelardo Larduet.

Descripción y alcance: Filme producido por el Centro de Estudios de las artes caribeñas, de Nueva Cork, que dirige la boricua Martha Moreno Vega. Contó con la consulta especializada de los investigadores José Millet y Abelardo Larduet y en el material se aprecia la actuación de varios grupos portadores de tradiciones de religiosidad   popular   de Santiago de Cuba. Fue estrenado en La Habana en la pasada edición del Festival de Cine Latinoamericano.

Introductores: Centro de las Artes caribeñas de Nueva York y Festival de Cine Latinoamericano, de La Habana.

Denominación del resultado: Del bembé de sao al vodú.

Investigadores: José Millet y Abelardo Larduet.

Descripción y alcance: Fonograma realizado por los investigadores José Millet y Abelardo Larduet, en el que se registran por primera vez en este tipo de soporte los cantos y la música de estos sistemas religiosos extensamente arraigados y extendidos en el oriente de la Isla: la variante de espiritismo denominada popularmente por bembé de sao y el complejo religioso mundialmente conocido por vodú que practican los descendientes de estos inmigrantes antillanos (aunque

también se incluyen en la obra cantos y toques del gagá.) Importante registro para la conservación de la memoria cultural del pueblo cubano—especialmente el que habita esta parte de la Isla--, la de los pueblos caribeños y para el estudio de estas expresiones musicales.
Introductores: Casa del Caribe, Ministerio de Cultura.
Denominación del resultado: Son de Santiago de Cuba.
Descripción y alcance: Documental de corta duración hecho por un realizador independiente de Puerto Rico, quien toma la ciudad y sus grupos musicales soneros actuales como principales protagonistas de esta importante manifestación de nuestra cultura nacional, con raíces y modalidades muy propias hundidas en la locación seleccionada por su autor. Contó con la colaboración de un especialista de la institución.
Introductores: Festival del Caribe y Casa del Caribe

Denominación del resultado: Elaboración del guión y fundamentación histórica para el documental Tumba Francesa, julio –agosto del 2003.

Denominación del resultado: Investigación sobre la relación que se establece entre José Martí y Francia, 2002-2003.

Promotor cultural de la Orquesta septuagenaria Patrimonio de Nacional de la Cultura Cubana Chepín Chovén, desde el 2000-2003.

Coordinadora homenaje a la Orquesta Chepín –Chovén, julio 2003.

Colaboración para el montaje del Museo Municipal de Mella, enero-febrero 2003.

Colaboración para el montaje del Museo La Isabelica, Octubre-Dic. 2003

Coautora de la investigación sobre la Sociedad de Tumba francesa de San Luis, Museo Municipal, **2002.**

Asesoramiento por la Dirección Prov. de Cultura para el Documental El Santiago Musical, de Tokyo, julio 2003.

Asesoramiento a la cadena televisiva de Australia Telecam sobre la historia y cultura de Santiago de Cuba, junio 2003.

2002 y 2001

Denominación del resultado: Foro de discusión académica, cultural y festivo Bob Marley a la luz del Rastafari.

Autor y realizador: Abelardo Larduet Luaces.

Descripción y alcance: La surgida y feliz idea de realizar un taller para debatir e intercambiar ideas sobre aspectos culturales del Caribe, encontraron su basamento primordial en la necesidad de dar una solución al por que de la presencia en Cuba de un gran numero de jóvenes caracterizados en la expresión de la cultura Rastafari y seguidores de la música Reggae proveniente de la hermana isla de Jamaica, en un espacio como el de Cuba que posee una identidad cultural extremadamente fuerte y definida. Es cierto que nuestro país y de manera especial Santiago de Cuba al igual que las provincias más orientales su más cercano vínculo de intercambio cultural ha sido, más que con el occidente del país *y esto me atrevo a asegurarlo* con toda el área del Caribe y mucho más por su cercanía con Haití, República Dominicana y Jamaica. Pero, también hay que decir que la historia en cuanto conformación de identidad cultural de estos pueblos son distinta y en esas diferencias están también los razonamientos en cuanto a expresión cultural de cada una de las islas del Caribe. De ahí la lógica interrogante del porque el mencionado fenómeno cultural y cultual se ha hecho visible en el espacio de nuestra cultura.

El Reggae al igual que otros géneros musicales de aceptación universal han sido del beneplácito de la sociedad cubana, se han puesto de moda en el orden del momento y han obtenido el reconocimiento justo. En este caso, el que se escuche la música Reggae es una suerte, pero el fenómeno del Rastafari en nuestra sociedad es digno de estudio para una mejor comprensión de los porque que aun no encuentran respuestas.

Estos razonamientos hicieron que nos diéramos a la tarea de organizar un taller para valorar la relación de Bob Marley con el movimiento Rastafari, así como su repercusión en América y el mundo el cual tuvo su primera edición en los días 4 al 7 de febrero del 2000 en la ciudad de Santiago de Cuba auspiciado por la Casa del Caribe y el coauspicio de otras instituciones de la ciudad y en esta ocasión se trataron los siguientes temas: Vida y obra de Bob Marley; El Reggae y el movimiento Rastafari; El movimiento Rastafari: génesis, conceptos éticos y proyección universal.

Las exposiciones teóricas del taller tuvieron lugar en los horarios comprendidos entre 9:00 am a 1:00 pm durante los días de duración del cónclave y las actividades de carácter festivo se efectuaron durante las noches con el objetivo de reforzar y apoyar lo académico. En la segunda edición en febrero del 2001 se trataron otros temas abarcadores del interés del cónclave como: el Reggae como propuesta antiimperialista; el Rastafari ante y después de Bob

- -

Marley; el Rastafari y el Reggae en Cuba; la dimensión de Bob Marley como líder

En estos momentos nos preparamos para la tercera edición del taller en febrero del 2004.

Este taller de Bob Marley a la Luz del Rastafari ha contribuido de modo muy significativo a la orientación en cuanto a tratamiento de los medios oficiales y no oficiales en nuestra ciudad ante el fenómeno de la cultura Rastafari insertada en el país, la cual está representada por muchos de nuestros jóvenes. Estamos en la seguridad de que la solución no es el rechazo como un elemento anacrónico en el espacio de nuestra sociedad, sino, el de estudiar los motivos de la existencia de algo que en lo particular no guarda relación con nuestro modelo local de cubana, pero sí con lo macro cultural caribeño.

Por otro lado, nuestra institución Casa del Caribe ha creado un espacio más de información académica sobre el tema, para los estudiosos cubanos y de diferentes piases, que constantemente nos visitan, interesados en respuestas e intercambio de ideas acerca del fenómeno cultural. Es bueno destacar que nuestra institución es la pionera y única en dedicarse a estos estudios insertados dentro de su razón de ser.

Introductores: Casa del Caribe, Dirección de Cultura de la provincia santiaguera.

2001

Denominación del resultado: Nostalgia.

Coordinación: José Millet

Descripción y alcance: Documental de corte antropológico producido por el Centro Memorial Martín Luther King, de La Habana, bajo la asesoría y colaboración de la Casa del Caribe. Contextualiza la vida y sueños de un sacerdote del vodú descendiente de inmigrantes haitianos que habita hoy la ciudad de Santiago de Cuba con su familia y que realiza cada año los ritos y demás tradiciones culturales de la religión de sus ancestros, de quienes se siente un continuador respetuoso y celoso. Es la primera vez que se registran en un documental las fiestas del gaga como tienen lugar en una ciudad cubana.

Introductores: Centro Memorial Martín Luther King, Casa del Caribe.

Denominación del resultado: Festival del Caribe.

Asesor: José Millet

Descripción y alcance: Documental realizado por el Grupo Experimental de cine de la Universidad de Panamá, bajo la asesoría del investigador Auxiliar José Millet y la colaboración de la especialista Silvia Faxas. Ofrece el panorama mas completo del Festival del Caribe que anualmente organiza la institución. Es un material audiovisual muy útil para la promoción de este importante evento y el quehacer de la Casa del Caribe.

Introductores: Casa del Caribe, Universidad de Panamá y Televisión panameña.

Denominación del resultado: Las culturas del Caribe.

Descripción y alcance: Conferencia impartida por José Millet en el Auditórium del Instituto de Cultura del Estado Falcón auspiciada por la Universidad Nacional Experimental Francisco de Miranda, con sede en la ciudad de Coro, Venezuela.

Denominación del resultado: "La Creencia del Espiritismo Cruzado o Muertería en el Panorama Religioso de las Provincias Orientales".

Descripción y alcance: Conferencia impartida en el Centro de Documentación y Grupo de Investigación Psicológicas, Sociales y Culturales del Cabildo Teatral Santiago y la Sociedad Cubana Multidisciplinaria para el estudio de la sexualidad (SOCUMES) en Santiago de Cuba, el 14 de mayo de 2001.

Elaboración del producto cultural El Santiago Francés para la corporación turística Cubanacán, S.A. noviembre del 2001.

Coordinadora del programa radial HUELLAS, radio Siboney, desde Octubre 2001.

Elaboración del proyecto Cultural Identidad una muestra del Carnaval Santiaguero propuesto y en vías de ejecución para las islas de Martinica y Guadalupe, 2001.

Coordinadora proyecto de intercambio cultural entre el Festival de Caribe y el Festival de Le Moule, Guadalupe, desde agosto del 2001.

2000

Denominación del resultado: El vodú y el gagá en Cuba.

Conferencista; Jose Millet.

Descripción y alcance: Conferencia impartida en el evento de la Asociación Caribeña de Cuba con sede en La Habana acerca de estos dos temas tan poco conocidos en el país.

Introductores: Asociación caribeña de Cuba.

Coordinadora de los Concursos de Artes Manuales sobre Francia y El Caribe, así como culinarios Sabor Francés, con la Alianza

Francesa de Santiago de Cuba, El Casino Francés y el Centro Provincial de Artes Manuales aplicadas Quitrín, desde el 2000.
Coordinador en la ciudad de Auch, Francia de la Semana de la Cultura Santiaguera
1999 y 1998
Denominación del resultado: Tiembla Tierra. Arte Ritual Afrocubano.
Descripción y alcance del resultado: Exposición-perfomance de los espacios sagrados y artefactos rituales más representativos de los denominados cultos sincréticos afrocubanos y de las diversas variantes del espiritismo. Sus curadores también redactaron el guión técnico del proyecto y el resultado es la obra de su tipo más completa y abarcadora de cuantas se han hecho en Cuba, en tanto incluyó sistemas religiosos, como el vodú y la Regla Muertera, nunca antes tratados en una exposición de arte religioso. Muchos de sus exponentes materiales son auténticos, elaborados por los propios

oficiantes de estas tradiciones culturales y otros fueron hechos por Maestros artesanos vinculados a ellas.

En su puesta en escena, la muestra contó con la animación de oficiantes del vodú, la Regla de Ocha y la Regla Conga, quienes condujeron ritos en los espacios diseñados para tales efectos y asimismo con la actuación de una compañía de danzas que se preparó en Cuba. El interés y la cálida acogida que tuvo su estreno en 1998, obligaron a una segunda edición al año siguiente (1999), realizada esta vez no sólo en Santiago de Compostela, sino también en Pamplona.

Curadores y autores del proyecto: José Millet y Abelardo Larduet.

Introductores: Casa del Caribe, Fundación Eugenio Granell (Santiago de Compostela.)

1999

Denominación del resultado: Las religiones afrocubanas, hoy.

Descripción y alcance: Conferencia ofrecida en un panel que tuvo lugar en la Iglesia de Bonaval, Santiago de Compostela, con ocasión de la Exposición Tiembla Tierra y que se transmitió en vivo por la Radio Internacional de España. Contó con la participación de un especialista de la Casa y de varios oficiantes de las religiones afrocubanas invitados.

Introductores: Radio Internacional de España, Fundación Eugenio Granell y Casa del Caribe.

Coordinadora de los encuentros de Sociedades de Tumbas Francesas, desde 1999.

Colaborador del programa radial Ventana a mi Santiago, desde 1999. CMKC.

Colaboradora expo Fernando Boytel más allá de sus 85 años, Agosto 1999.

Coordinadora por la Casa del Caribe del Encuentro Internacional "250 Años del Café en Cuba", Febrero de 1999.

Denominación del resultado: Proyecto de trabajo para declarar Patrimonio de la Humanidad a las ruinas de los cafetales franceses de la región sudoriental de Cuba.

Colaboradora: Laura Cruz

Descripción y alcance: Participación como miembro del equipo de trabajo que propone a la UNESCO declarar las ruinas de los cafetales de la región sur oriental de Cuba Patrimonio Cultural de la Humanidad, desde Enero de 1999.

Introductores: Oficina del Conservador de la ciudad, Dirección de Patrimonio de la provincia Santiago de Cuba.

1998

Denominación del resultado: El rito vodú.

Investigadores: José Millet, Rogelio Meneses, Alexis Alarcón, Joel James, Jorge Berenguer, etc.

Descripción y alcance: Video producido por la Radio y Televisión Italiana, RAI 3, bajo la asesoría de y convenio con la Casa del

Caribe. Ofrece una visión general de esta religión practicada por los descendientes de haitianos radicados en el extremo oriental de Cuba. Fue transmitido en el programa Misteri, el de más tele audiencia de Italia y se presentó en varios países de la Unión Europea.
Introductores: Casa del Caribe, RAI.
Denominación del resultado: "Crisis de Posesión y Mecanismos Oraculares en la Religiones Afrocubanas".
Autores: José Millet y Abelardo Larduet.
Descripción y alcance del resultado: Conferencia impartida el 18 de junio de 1998 por José Millet y Abelardo Larduet en, en el aula magna de la Universidad de Santiago de Compostela, España. Contó con el auspicio del Departamento de Historia I de la Facultad de Geografía e Historia de dicha Universidad. Resulto ser la primera vez que estudiantes universitarios gallegos se pusieron en contacto directo y vivo con las realidades poco conocidas de nuestra cultura nacional caribeña por boca de especialistas y, en el caso de Larduet,

de un oficiante de estas religiones afrocubanas. Concito gran interés de los participantes, quienes hicieron muchas preguntas e intervenciones.

Introductores: Universidad de Santiago de Compostela.

1998

LC: Coordinadora homenaje póstumo a Yoya reina de la Tumba Francesa "La Caridad de Ote" a solicitud del Primer secretario del PCC Provincial en Santiago, Octubre de 1998.

Coordinadora proyecto de investigación "Tres Arroyos un cafetal francés", auspiciado por la Casa del Caribe, Centro Provincial de Patrimonio y la Asoc. Cuba-Café, desde Enero de 1998.

Creadora y coordinadora en la región sur oriental de Cuba del Proyecto Cultural Internacional presentado a la UNESCO "La Ruta del Café", desde Noviembre de 1998.

Miembro del Comité Organizador del II Congreso Internacional sobre la Muerte, Noviembre 1998.

Trabajo conjunto con la cadena Horizonte para la reanimación del ecoturismo cultural en la zona de la Gran Piedra, elaboración de un proyecto cultural a partir de la herencia de la caficultora en el área, desde 1998.

Trabajo conjunto con la agencia Cubatur para el desarrollo del turismo franco parlante, desde 1998.

1997

Denominación del resultado: El arte en las religiones afrocubanas.

Autor: José Millet

Descripción y alcance: Ciclo de charlas en torno a las religiones afrocubanas y el espiritismo, enfatizando en las diversas modalidades en que se expresa la creación artística y la belleza en ellos. Fue impartido ante un auditorio de profesores y alumnos de la Facultad de Artes de la Universidad de Vigo, Galicia, España.

Introductores: Casa del Caribe, Facultad de Arte de la Universidad de Vigo.

Denominación del resultado: Vida y muerte del santero.

Autores: Abelardo Larduet y José Millet.

Descripción y alcance del resultado: Fonograma que recoge pro primera vez en este tipo de soporte CD los rezos, cantos, invocaciones y música que se realizan en el complejo ceremonial de iniciación o Kariocha y los que se producen después del fallecimiento de un santero, conocidos por todos. Es una obra artística histórica porque en ella se registró la voz del orihaté Ibrahím Hechavarría, desaparecido poco después de esta grabación profesional. Premio Nacional otorgado por la Empresa de Grabaciones y Ediciones Musicales (EGREM) que lo comercializa.

Introductores: EGREM, Casa del Caribe, Ministerio de Cultura.

Denominación del resultado: Los dioses del futuro.

Descripción y alcance: Magnifico panóptico que, a partir de la reflexión acerca de la Fiesta del Fuego, nos introduce en el fascinante tema de la formación y características de la cultura

caribeña. Lázaro Buria, su realizador, contó con la asesoría de varios especialistas de la Casa, quienes trabajaron con él durante varios meses de preparación y análisis que trajeron como fruto este audiovisual muy útil para ejercicio de la docencia, así como también para la promoción de la cultura caribeña.
Introductores: Casa del Caribe, ICAIC, TV.
Denominación del resultado: La religiosidad tradicional del pueblo cubano en el Oriente.
Autores: Julián Mateo y José Millet.
Descripción y alcance: Ciclo de conferencias impartido por los investigadores de la Casa del Caribe Julián Mateo y José Millet en la Universidad de Quintana Roo; Casa de la Cultura de Puerto San Andrés, y en el Museo Maya, Estados Unidos Mexicanos.
Introductores: Universidad de Quintana Roo, Museo Maya, Casa de la cultura de San Andrés, Festival internacional de la cultura caribeña de Cancún, México.

Denominación del resultado: La Religiosidad del Vodú Cubano.

Autor: Alexis Alarcón.

Descripción y alcance: Conferencia impartida en noviembre por Alexis Alarcón, investigador de la Casa del Caribe, en la ciudad de Chetumal, capital del Estado de Quintana Roo, de los Estados Unidos Mexicanos.

Introductor: Festival internacional de cultura caribeña de Cancún, México.

Denominación del Resultado: Esclavitud y oralidad: El caso de la comunidad minera del Cobre en Cuba.

Autor: Julio Corbea Calzado.

Descripción y Alcance: Estudio sobre la presentación de elementos culturales de origen africano presentes en los rituales artísticos de las practicas santeras en casas templos de la comunidad del Cobre. Se expresa la memoria sobre la esclavitud y el cimarronaje entre los practicantes sincréticos cubanos. Es una importante fuente para el estudio de la oralidad en el oriente cubano y en particular es un sitio de especial significación para el estudio de la esclavitud y el cimarronaje en Cuba.

Introductores: Casa del Caribe, Proyecto internacional La Ruta del Esclavo de la UNESCO, Encuentro internacional sobre la trata y la oralidad, convocado por la UNESCO en Conakry, Guinea, Marzo 1997, en el cual el autor participo

Denominación del resultado: 25 programas radiales fueron escritos por uno de nuestros especialistas para la emisora radial CMKC, de Santiago de Cuba (en el espacio "Complicidades"), relacionados con la cultura nacional cubana, donde se abordan temas como la plástica, la música, la religión y otros aspectos de la cultura popular tradicional, así como también 18 horas de trabajo que promocionó la cultura cubana en la emisora KPOO de San Francisco, California, en Abril de 1997.

Autor: Raúl Ruiz Miyares.

Descripción y alcance: Es una forma de difusión de la información y los conocimientos acerca de nuestra cultura nacional que llega a decenas de miles de personas a través de la radio. Asimismo se hizo extensivo este conocimiento a un público norteamericano.

Colaboración permanente con el programa televisivo Remembranzas, Tele Turquino, desde Septiembre de 1997, para la divulgación y conocimiento del tema de investigación.

Denominación del resultado: Colaboración en el montaje de la expo "Los Franceses en el Oriente Cubano" del Festival de la Primavera en la ciudad de Burdeos, Francia; auspiciado por la Universidad de Burdeos (Asociación ECLC), Abril 1997.

Coordinadora del homenaje por el 135 Aniversario de la Sociedad de Tumba Francesa "La Caridad de Ote.", Febrero 1997.

Coordinadora homenaje póstumo a Fernando Boytel Jambú, Julio 1997

Coordinadora en Santiago de Cuba del Proyecto Nacional de Investigación "La Huella Francesa en Cuba", auspiciado por la Universidad de Cienfuegos, desde julio de 1997.
Investigación y rescate del fondo documental Fernando Boytel Jambú, desde 1997.
Investigación sobre el Patrimonio Culinario del Caribe, concluida en Noviembre 1997.
Proyecto cultural "Tras la Huella Francesa en Cuba" presentado y aprobado por AMISTUR, a través de la Delegación del ICAP en Santiago, 1997.
Colaboración y presentación de un proyecto para el desarrollo del turismo cultural franco parlante a la Delegación Territorial Cubanacán, desde 1997.
Miembro del proyecto sociocultural "Son de El Tivolí", auspiciado por el Centro Provincial para el trabajo comunitario, desde 1997.
1996

Denominación del resultado: "La Ruta Francesa en Cuba"
Autora: Laura Cruz
Descripción y alcance: Proyecto Nacional en la región sur oriental, auspiciado por la Escuela de Altos Estudios en Hotelería y Turismo (EAEHT) y la Embajada Francesa en Cuba, desde Marzo de 1996.
Introductores: Escuela de altos estudios de Hotelería, Dirección Provincial de Patrimonio.
Denominación del resultado: Participación en el Proyecto sociocultural "El Tivoli", auspiciado por la Universidad de Burdeos III Francia y la Oficina del Conservador de la Ciudad, desde febrero de 1996.
Autor: Laura Cruz
Introductores: Oficina del Conservador de la ciudad de Santiago de Cuba.
Denominación del resultado: Colaboración a las emisoras radiales santiagueras CMKC y Radio Mambí del tema de investigación en

programas como Ventana Abierta, Remembranzas, Ritmos del Caribe, Musicosa, Santiago, etc.
Introductor: Emisoras de radiodifusión mencionadas.
Autor: Laura Cruz.
Denominación del resultado: Espíritu.
Autores: José Millet y Jorge Grave de Peralta.
Descripción y alcance: Documental de carácter antropológico realizado por el Investigador auxiliar José Millet y el documentalista Ramiro Grave de Peralta que trata el tema del denominado espiritismo cruzado o Regla Muertera o Muerterismo, tal y como se manifiesta en la ciudad de Santiago de Cuba. Es la primera ocasión en que se registran las voces, los rostros y los ritos de este sistema religioso, acerca del cual los especialistas de la Casa han escrito los únicos artículos y análisis de que se tienen noticia. Este audiovisual posee además un valor histórico añadido: muchos de los oficiantes religiosos que fueron filmados han muerto recientemente.

Asesoramiento histórico a la dirección y claustro de profesores de la Alianza Francesa en Santiago de Cuba, desde 1996

Promotora cultural de la Orquesta Típica Tradicional, única en el país que ejecuta la música francesa que interviene en la formación de la música cubana, desde 1996.

Proyecto cultural "Herencia Franco-haitiana en Cuba" presentado a la agencia Havanatur Santiago, 1996.

Introductores: Casa del Caribe, ICRT

1995-1985

Denominación del resultado: Valoración, atención y rescate de la Cabildo Carabalí Isuama.

Autor: Abelardo Larduet Luaces.

Descripción y alcance: Debido al trabajo de investigación de campo de uno del autor del proyecto en el cual apoyaba de una manera u otra a las agrupaciones centenarias de la ciudad, al igual que a los portadores de cultura tradicional que existían dentro de éstas agrupaciones y porque además existía un acercamiento desde siempre, debido a que el también un portador de cultura tradicional dedicado a la practica de las creencias de base africana .Al quedar acéfala por razones de orden interno el Cabildo Carabalí Isuama en 1985 un especialista nuestro fue elegido por los miembros de ésta como su nuevo director. Como director de la Carabalí desplegó un trabajo comunitario en busca de un acercamiento de la barriada, con el objetivo de buscar apoyo a favor de la existencia de estos representantes de africanos del pueblo de Calabar que entraron a Cuba durante el período colonial. Este trabajo de comunitario consistió en la creación de un Club de asociados, conformado por los vecinos pertenecientes al entorno del foco cultural o cede de la agrupación centenaria, encaminada al fortalecimiento y mantenimiento de las raíces culturales que defienden éstos portadores que están reconocidos como parte integra de la nacionalidad cubana. Como resultado del trabajo mencionado, se creó por primera vez en el seno del Cabildo Carabalí Isuama una Carabalí infantil con los hijos pequeños de los asociados. En la actualidad, una gran mayoría de los jóvenes tocadores y bailarines que integran a la agrupación provienen de aquellos niños que 15 años atrás fueron fundadores de la Carabalí infantil.

Introductores: Direcciones de Cultura del municipio y la provincia de Santiago de Cuba. Cabildo Carabalí Isuama.

Denominación del resultado: Cuba: la narrativa policial entre el querer y el poder.

Autor: José Fernández Pequeño.

Descripción y alcance: Ensayo que apresa el desarrollo de la literatura policial producida en Cuba en los últimos anos tratando de desentrañar las relaciones entre los deseos de los autores de las obras que se analizan y la realidad social concreta que ellos reflejan.

Introductores: Casa del Caribe y Universidad de Oriente.

Denominación del resultado: Cátedra Víctor Hugo, organizada en la Universidad de Oriente, desde 1995.

Denominación resultado: Asesoramiento histórico a la Sociedad de Descendientes Franceses en Santiago de Cuba, desde 1995.

Investigación y atención a la Sociedad de Tumba Francesa "la Caridad de Ote.", desde Diciembre de1995.

Colaboración sobre el tema de investigación a la Delegación del MINTUR en el territorio, desde 1995.

Asesoramiento histórico al Centro Prov. de Patrimonio en Stgo. de Cuba sobre las ruinas de los cafetales franceses en la Sierra Maestra.

Montaje de expo en la Alianza Francesa de Stgo de Cuba sobre el aporte francés al desarrollo educacional citadino.

1994

Denominación del resultado: Cabildo Cimarrón: Animación cultural del poblado de El Cobre.

Autores: Abelardo Larduet, Rogelio Meneses, Julio Corbea.

Descripción y alcance: Teniendo en cuenta que el cimarronaje jugó un papel fundamental en todo el ámbito de nuestra América precolombina y colonial, en junio de 1994 comenzó la creación de un proyecto cultural y de preanimación en homenaje al cimarrón en el poblado santiaguero del Cobre, por cuanto este fenómeno bien puede ser objeto de estudio de investigadores, antropólogos, sociólogos, historiadores y otros interesados en toda la gama de nuestra cultura americana.

Resultaba también lógico la realización de un coloquio internacional dedicado al cimarronaje, estructurado sobre un contexto técnico-científico-artístico-cultural, con conferencias y debates que cubrirían la base fundamental de toda la jornada dentro del evento taller, para de ésta manera demostrar claramente que desde nuestro punto de vista es más importante un digno homenaje al cimarronaje y no al descubrimiento de las América por la Europa, apoyados en que aun quedan reseñas de manera notable, producto de la gran rebeldía de indígenas y esclavos que supieron decir al mundo que el hombre como centro del Universo no soportó ni soporta la esclavitud del otro por muy poderoso que sea; es por ello que través de este proyecto intentamos unir criterios científicos, de hombres y mujeres de los diferentes países donde la sublevación del cimarrón marcó pauta dentro del contexto histórico de nuestra América.

Estas proyecciones por razones de índoles económicas no se hizo pudo hacerse realidad en su totalidad, pero los resultados arrojados, producto del esfuerzo realizado por los integrantes del equipo en los estudios de investigaciones de campo *durante más de un año* a partir de la fecha en que se concibió el proyecto dieron la posibilidad de una comprensión mas justa de nuestra cultura y la existencia viva dentro del poblado santiaguero del Cobre, de un grupo artístico danzario creado por portadores de la religiosidad popular del entorno, la creación dinámica de la casa templo de un practicante del espiritismo cruzado del poblado como espacio de consulta e intercambio para los estudiosos del tema religiosidad popular. También los resultados arrojados del proyecto ayudaron un tanto a la creación en julio de 1996 del único monumento al cimarrón enclavado en una de las montaña que rodean a al poblado del Cobre creado por el proyecto intercultural de la UNESCO "Ruta del Esclavo", en coordinación con la Casa del Caribe y la Asociación Caguayo Para Las Artes Monumentales y Aplicadas.

Denominación del resultado: La muerte ese relajo.

Autor: José M. Fernández Pequeño.

Descripción y alcance: Articulo que analiza el sentido del humor con que es tratado el tema de la muerte en la literatura, en especial la oral, y en la vida cotidiana del cubano.

Introductores: Casa del Caribe, I Congreso Mundial sobre la muerte, Sgto. De Cuba, Junio 1993, Rev. Del Caribe n° 22, 1994.

Denominación del Resultado: Comparsa, barrio y carnaval santiaguero. Editora de la Universidad Autónoma de Santo Domingo, 1994.

Autores: José Millet, Rafael Brea y Manuel Ruiz Vila.

Descripción del resultado y su alcance: Obra fruto de un estudio sociológico y antropológico realizado durante varios lustros en el barrio más tradicional de la ciudad de Santiago de Cuba, donde surgió y permanece la famosa comparsa Conga de Los Hoyos, objeto principal de análisis y valoración multidisciplinaria. Se incluyen valiosos testimonios de los líderes y principales sujetos portadores de estas tradiciones, lo cual permite recuperar la memoria colectiva de la comunidad donde nacieron.

Introductores: Casa del Caribe, Universidad Autónoma de Santo Domingo, Republica Dominicana.

 y alcance:

Introductor: Casa del Caribe, I Congreso Mundial sobre la muerte, Santiago de Cuba, Junio 1993, Revista del Caribe n°22, 1994.

Denominación del resultado: Rene Herrera Fritot: Aproximación a su obra.

Autor: José Ulloa Hung.

Descripción del resultado y alcance y alcance: Evaluación critica de la obra arqueológica de este importante investigador, considerado uno de los padres de la arqueología cubana contemporánea.

Introductores: Casa del Caribe, Facultad de historia de la Universidad de Oriente, Revista Del Caribe, n°24, 1994.

Denominación del Resultado: Apuntes históricos sobre la parroquia en las minas del Cobre 1605-1902.

Autor: Julio C. Calzado.

Descripción y alcance: Este estudio comenta el desplazamiento de la parroquia de las minas frente al santuario de la virgen de la caridad. Estudia las relaciones entre ambas iglesias, sobre todo en el siglo

XIX en el traspaso de imágenes y ornamentos a causa de factores climatológicos, sismológicos, labores de prospección minera, alteraciones sociales etc. Es un importante trabajo para historiar la vida de la comunidad vinculada al culto católico y en sentido general para el estudio de las formas de construcción de la identidad

Denominación del resultado: Las divinidades femeninas acuáticas en los cultos sincréticos afro caribeños.

Autor: Julio Corbea Calzado

Descripción del resultado y alcance: Estudio comparativo entre divinidades femeninas relacionadas en sus avatares o caminos con las aguas dulces y las saladas. Se hacen observaciones sobre regularidades, coincidencias, diferencias y pestañeos que pueden haberse producido entre estas divinidades en su contacto cultural, como parte de los sistemas o reglas cubanas y las expresiones trasplantadas del vudú. Es una importante fuente de referencia que intenta resumir la información proveniente de los trabajos de campo realizados entre practicantes de estas reglas. Finalmente se hacen observaciones sobre la asimilación de A Virgen de la Caridad, como una divinidad acuática protectora de los inmigrantes haitianos que cruzan el paso de los vientos.

Introductores: Casa del Caribe, Universidad de Oriente, Evento Internacional de Sincretismo cultural Cuba-Venezuela, Santiago de Cuba 1994.

Denominación del Resultado: Apuntes sobre contacto y transculturación precolombina.

Autores: Jorge Ulloa Hung, Juan Manuel Reyes.

Descripción y Alcance: Valoración del proceso de transculturación precolombina, en especial del arrea sudoriental de Cuba y del Caribe Antillano. Es un valioso intento de enfrentar la historia del Caribe desde sus tiempos más remotos y sopesar su configuración cultural actual desde los procesos iniciales.

Introductores. : Casa del Caribe, Facultad de historia de la Univ. De Oriente, Congreso internacional sobre Migraciones y sincretismo cultural, Sgto. De Cuba, Junio 1994.

Denominación del Resultado: La virgen de la Caridad y María Lionza: Identidad entre Cuba y Venezuela.

Autor: Raúl Ruiz Miyares.

Descripción y Alcance: Ponencia elaborada en la perspectiva de los elementos comunes y diferenciadores entre el culto a Maria Lionza, propio de Venezuela, y al de la Virgen de La Caridad de El cobre, patrona del pueblo cubano.

Introductores: Casa del Caribe, Encuentro internacional sobre sincretismo cultural, Santiago De Cuba, Septiembre 1993.

Denominación del resultado: El culto de los gemelos es el vodú cubano.

Autores: José Millet y Alexis Alarcón.

Descripción y alcance del resultado: Se realiza un levantamiento etnográfico de los ritos y ceremonias dedicados a estas dos entidades del vodú haitiano, como se realizan en Cuba actualmente, su significación y comparación con relación a Haití y a Republica Dominicana.

Introductores: Casa del Caribe, Rev. Del Caribe n°23, 1994.

Denominación del Resultado: Vínculos prehistóricos entre Cuba y Haití.

Autores: Jorge Ulloa y Juan M. Reyes.

Descripción y alcance: Análisis minuciosos de los resultados de las investigaciones realizadas por varios arqueólogos acerca de los lazos que unen Haití con Cuba, en particular con su región oriental, en la perspectiva de la arqueología y la Antropología.

Introductores.: Casa del Caribe, Revista. Del Caribe n°23, 1994.

1993

Denominación del resultado: Relación comunidad/grupo portador en la comunidad barrio de los Hoyos.
Autor: Manuel Ruiz Vila.
Descripción y alcance: Indagación sociológica en torno a la compleja relación, a ratos contradictoria, de una agrupación del carnaval santiaguero con la comunidad en que ha surgido y existe. Resulta rara la existencia de este enfoque en los estudios que se venían realizando en cuba en torno a este tema de las fiestas tradicionales de nuestro pueblo.
Introductores: Casa del Caribe, Dirección Provincial de Cultura.
Denominación del resultado: El arte primitivo y la pintura contemporánea.
Autor: Raúl Ruiz Miyares.
Descripción y alcance: Estudio que focaliza su atención en el surgimiento, desarrollo y características principales del denominado

arte naif o primitivista, el cual se manifiesta con una fuerza muy grande en la provincia de Santiago de Cuba.

Introductores: Casa del Caribe, Consejo Provincial de Artes Plásticas, Facultad de Arte y Literatura de la Universidad de Oriente.

Denominación del resultado: Algunas reflexiones sobre el Partido Revolucionario Cubano.

Autor: Joel James.

Descripción y alcance: Ensayo en que se analizan las bases, surgimiento y práctica de la organización política concebida y creada por José Martí para conducir el proceso independentista en su etapa final. Fue presentada como ponencia en un encuentro de historiadores de Cuba y dictada como conferencia a los profesores y estudiantes de la Facultad de Ciencias Sociales de la Universidad de Oriente.

Introductores: Casa del Caribe, Facultad de historia de la Universidad de Oriente, Encuentro Provincial de la Unión Nacional de Historiadores de Cuba.

Denominación del resultado: Aproximación al Caribe.

Autor: Bernardo García.

Descripción y alcance: Indagación en torno al surgimiento del concepto del Caribe como región histórico-cultural, a su devenir y actuar en las postrimerías del Siglo XX. Fue presentada primero como ponencia y luego dictada como conferencia en la Facultad de Ciencias Sociales de la Universidad de Oriente.

Introductores: Casa del Caribe, Facultad de Historia de la Universidad de Oriente.

Denominación del Resultado: Las cosas de cierto mundo.

Autor: José M. Fdez. Pequeño.

Descripción y Alcance: Articulo que analiza aspectos significativos de la vida cotidiana que nos rodea y como se refleja en la creación

artística y en el comportamiento particular de nuestros paisanos y hermanos de otros países de la región caribeña.
Introductor.: Casa del Caribe.
Denominación del Resultado: La muerte vista en la obra de algunos artistas antillanos.
Autor: Raúl Ruiz Miyares.
Descripción y Alcance: Indagación en torno a la presencia y tratamiento del fenómeno de la muerte por parte de muchos artistas de las Antillas, con la intención de atrapar características comunes a ellos.
Introductores.: Casa del Caribe, I Congreso Mundial sobre la muerte, Santiago de Cuba, Junio 1993.
Denominación del resultado: La virgen de la caridad del cobre y el espiritismo.
Autor: José Millet.

Descripción y Alcance: Por primera vez se establece la relación entre la Virgen de La Caridad de El Cobre y el reino de los espíritus.

Introductores: Casa del Caribe, Revista Del Caribe n° 21,1993.

Denominación del resultado: El vodú en Cuba. Editora de la Universidad Autónoma de Santo Domingo, 1993.

Autores: James, Joel, Millet, José y Alexis Alarcón.

Descripción y alcance: Primera obra de carácter sociológico y antropológico que se publica en torno a la existencia en Cuba y de sus características principales de una variante del sistema de pensamiento mágico-religioso como vodú. Mereció Premio Nacional de Investigación sociocultural del resultado científico otorgado por la dirección científica del Ministerio de Cultura de Cuba

Introductores: Casa del Caribe, Universidad Autónoma de Santo Domingo y Universidad de Oriente.

Denominación del resultado: Presencia de la muerte en la cultura cubana.

Autor: Joel James Figueroa.

Descripción y alcance: Ensayo en que se trata de apresar la manera peculiar en que el cubano asume el fenómeno de la muerte tanto en su accionar diario como en las diversas expresiones de la creación y del imaginario colectivo.

Introductores: Casa del Caribe, I Congreso Mundial sobre la muerte, Santiago de Cuba, Junio 1993, Revista Del Caribe n° 22, 1993.

1992

Denominación el resultado: El Caribe de José Martí.

Autor: Joel James Figarola.

Descripción y alcance: Penetrante ensayo de indagación en torno al contexto nacional y regional en que nació y le toco vivir al Apóstol de la Independencia y como, a partir del mismo y de su propia formación intelectual y humana, sentó las bases para la comprensión de su pertenecía a un lugar especial que tiempo después seria descrito como el Caribe.

Introductor: Casa del Caribe.

Denominación del resultado: Léxico de las fiestas populares cubanas.

Autores: Jose Millet, Rafael Brea.

Descripción y alcance: Repertorio de voces actualmente en uso por los sujetos organizadores y hacedores de las fiestas populares en la región oriental, particularmente aquellos vinculados al carnaval santiaguero. Incluye bibliografía de las fuentes bibliográficas, documentales y de los nombres de los informantes consultados.

Introductores: Casa del Caribe, Universidad de San Francisco, EUA., 1992.

Denominación del resultado: Visión lascasiana del indo-cubano.

Autor: Jorge Ulloa Hung.

Descripción y alcance: Aproximación critica a la Obra del Padre de las Casas y en especial a su visión del aborigen cubano, teniendo en cuenta que para la valoración de las comunidades aborígenes en

nuestro país gravemente se extrapolan los criterios emitidos por este autor para la vida de Sto. Domingo. La pesquisa es un intento por penetrar en las particularidades observadas por las casas en nuestras comunidades aborígenes y con análisis de estas a la luz de los descubrimientos y estudios arqueológicos más recientes.
Introductores: Casa del Caribe, Facultad de historia de la Univ. De Oriente, Evento V Centenario Cuba-España, Sgto. de Cuba, Oct. 1992.
Denominación del resultado: Agustín Cebreco Sánchez, ¿Todavía a la penumbra?
Autor: Julio Corbea Calzado.
Descripción y alcance: Revela aspectos de la personalidad de Agustín Cebreco y llama la atención sobre la figura de uno de los más altos oficiales del mambisado cubano, combatiente de las tres guerras de independencia del siglo XIX cubano y personalidad cercana a los más altos dirigentes de la revolución. Destaca su papel

activo en las actividades conspirativas de la emigración en Centroamérica y su intensa vida política en los primeros 24 años de la República.

Introductores: Casa del Caribe, Facultad de Historia de la Universidad de Oriente, Revista Del Caribe n°19, 1992, montaje de una exposición sobre figuras de las guerras de independencia en el museo Emilio Bacardí.

Denominación del resultado: Presencia negra en el espiritismo cruzado.

Autor: Raúl Ruiz Miyares.

Descripción y alcance: Indagación en torno a los componentes de origen africano presentes en las diversas variantes del espiritismo practicado en la provincia de Santiago de Cuba.

Introductores.: Casa del Caribe, XI festival del Caribe.

Denominación del resultado: La transculturación en el espiritismo.

Autor: Raúl Ruiz Miyares.

Descripción y alcance: Análisis de las categorías elaboradas y dadas a conocer por el sabio don Fernando Ortiz, especialmente la que denomino transculturación, con respecto a como pudieran aplicarse al estudio del espiritismo actualmente vigente en Cuba.

Introductores.: Casa del Caribe, II Conferencia sobre cultura africana y afro americana, Santiago. de Cuba, Abril 1992, Centro cultural africano Fernando Ortiz.

Denominación del resultado: El Caribe entre el ser y el definir.

Autor: Joel James.

Descripción y alcance: Brillante interpretación de la historia y los procesos de formación de lo que hoy definimos como Caribe y de los caracteres especiales de la cultura caribeña.

Introductores: Casa del Caribe, Facultad de Historia de la Universidad de Oriente, Revista Del Caribe, n°9, 1992.

Denominación del Resultado: Donde los pueblos del Caribe se juntan.

Autor: José M. Fdez. Pequeño.

Descripción y Alcance: Interpretación de los resultados inesperados a que ha dado lugar el intercambio propiciado por el Festival del Caribe.

Introductores: Casa del Caribe, Revista Del Caribe n°19, 1992

Denominación del resultado: Narrativa santiaguera contemporánea.

Autor: José M. Fernández Pequeño.

Descripción y alcance: Caracterización de los principales autores y obras de los narradores santiagueros en el periodo 1959-1970. Este estudio se integra al proyecto colectivo de la dirección provincial de cultura en torno a la elaboración de una Historia de la literatura santiaguera.

Introductores: Casa del Caribe, Universidad de Oriente, Dirección provincial de cultura.

Denominación del resultado: Biografía del sacerdote del vuduista Benancio.

Autor: José Millet.

Descripción y alcance: Historia de la vida del houngan Venancio, uno de los sacerdotes del vodú practicado en Cuba más enigmáticos y misteriosos, portador de uno de los espíritus o loas más interesantes de cuantos hemos estudiado en las comunidades haitianas orientales a partir de la Casa del Caribe

Introductor. : Casa del Caribe.

Denominación del resultado: Presencia jamaicana en Cuba.

Autor: Bernardo García.

Descripción y alcance: Este trabajo constituye una aproximación inicial a las comunidades de inmigrantes jamaicanos ubicados en zonas rurales de Ciego de Ávila y Guantánamo. En el se hacen observaciones sobre estos inmigrantes, sus descendientes, el uso de la lengua y practicas culturales.

Introductor: Casa del Caribe.

Denominación del resultado: Anatomía del carnaval.

Autor: Rafael Brea.

Descripción y alcance: Explica los principios festivos del carnaval santiaguero, su historia. Detalla los instrumentos musicales utilizados en las congas, y describe la historia de la comparsa de Tahona.

Introductores: Casa del Caribe, Dirección Provincial de Cultura.

1991

Denominación del resultado: Presencia haitiana en el Oriente de Cuba.

Autores: Julio Corbea Calzado y José Millet

Descripción del resultado y alcance: Intento de generalización del panorama de la presencia haitiana en el Oriente de Cuba, realiza un balance de las condiciones en las que históricamente vivieron estos inmigrantes. Estudia su inserción social en la Cuba revolucionaria y aspectos del intercambio cultural cubano-haitiano, para llegar a este

resultado parte del trabajo de campo realizado en las comunidades haitianas de la Caridad, Barrancas y Pilón del Cauto. Constituye una importante fuente para el estudio de la presencia haitiana en Cuba.
Introductores: Casa del Caribe, Universidad de Oriente, Revista Del Caribe, nº 18, 1991.
Denominación del Resultado: Regino E. Boti: Cartas a los Orientales.
Autor: José Fernández Pequeño.
Descripción y alcance: Recopilación comentada del artesanal de cartas cursadas por este destacado poeta e intelectual de Guantánamo con muchos intelectuales de la antigua provincia de Oriente.
Introductor: Casa del Cribe, Facultad de Artes y Letras de la Universidad de Oriente.
Denominación del resultado.: Manifestaciones del vudú en Cuba.
Autor: José Millet.

Descripción y alcance: Uno de los primeros trabajos de descripción y análisis de las manifestaciones de esta religión introducida por los inmigrantes haitianos en Cuba. Fue presentada inicialmente como ponencia en un evento internacional organizado por la Universidad de Puerto Rico.

Introductores. : Casa del Caribe, Universidad de Puerto Rico, Recinto Río Piedras.

Denominación del resultado. : Exploración, excavación y estudio de las ruinas del cafetal Tres Arroyos.

Autores: Jorge Ulloa Hung, Profesora María Niñéelas Trincado, Jorge Luis Hernández, Dr. Jean Lamore.

Descripción y alcance: La investigación consiste en una valoración del estado actual del cafetal Tres Arroyos así como de su valor patrimonial. En especial se trabajo en las áreas relacionadas con el sistema de beneficio de café, sistemas hidráulicos y termos para la ablución de la cal. Contempla un registro fotográfico de todos los elementos existentes y un recuento del estado del trabajo realizado. Los exponentes obtenidos forman parte del fondo del museo de arqueología de la Universidad de Oriente. El trabajo constituye un aporte al estudio de la huella franco-haitiana en el oriente cubano.

Introductores: Casa del Caribe, Universidad de Oriente, Universidad de Burdeos III.

Denominación del resultado. : Fuentes documentales para la historia de Santiago de Cuba en el siglo XIX.

Autor: Julio Corbea Calzado.

Descripción. y alcance: Este trabajo aborda y comenta con nivel de detalles importantes puntos documentales y bibliográficos depositados en bibliotecas y archivos de la región de gran utilidad para la historia de gran utilidad para la historia de Santiago de Cuba en el siglo XIX, que apenas han sido valoradas y usadas. Constituye una compilación crítica de interés al pasar revista a los fondos de más de doce instituciones de la ciudad de Santiago de Cuba. Ofrece un programa generalizado del estado de las fuentes para la historia de la localidad.

Introductores: Casa del Caribe, Dirección Provincial del Patrimonio, Universidad de Oriente, Revista del Caribe nº 18, 1991.

Denominación del Resultado. : Leonardo Griñán Peralta. Historia y conflictos raciales.

Autor: Julio Corbea Calzado.

Descripción y alcance: Revela apuntes de la personalidad y el estado historiográfico del investigador estudiado. Trata artistas de la gestación de los principales trabajos de naturaleza psico-histórica que emprendió. Valora su importancia para la historiografía regional y discute el contexto histórico gráfico en que se publican sus principales textos.

Introductores: Casa del Caribe, Universidad de Oriente. Cuarto Encuentro de historiadores locales, Santiago de Cuba, 1991.

Denominación del resultado. : Aspectos del ritual vuduista en Cuba.

Autores: José Millet y Alexis Alarcón.

Denominación y alcance: Presentación de esta religión vudú tal y como se da en Cuba. Explica la estructura, funcionamiento y ceremonias principales que se realizan en la variante cubana de este culto.

Introductores: Casa del Caribe, Revista Del Caribe, n° 18,1991.

Denominación del resultado: El proceso industrial en el cafetal francés.

Autor: Jorge Luis Hernández.

Descripción y alcance: Describe las diferentes etapas y los aditamentos técnicos usados en el proceso de beneficio del café. Expone las características de este proceso en la región oriental de Cuba. Establece relaciones comparativas entre el proceso de preparación del grano en la región oriental y la occidental de Cuba. Detalla las formas de preparación del grano en la región oriental a trabes de la vía húmeda, vía que ya había sido utilizada profusamente en Guadalupe, Martinica y Haití.

Introductores: Casa del Caribe, Universidad de Oriente, Universidad de Burdeo III, Dirección Provincial de Patrimonio, Revista Del Caribe, n°19, 1991

Denominación del Resultado: Las migraciones ínter caribeñas y la formación de la identidad en la región sur oriental de Cuba.

Autor: José Millet.

Descripción y alcance: Ponencia elaborada por su autor en la perspectiva de la aplicación de las herramientas conceptuales del enfoque de los estudios regionales al proceso de formación y dinámica de la identidad cubana y oriental en el extremo Este de Cuba. Presentada en un evento internacional organizado por la Universidad de Puerto Rico.

Introductores: Casa del Caribe, Instituto de Estudios del Caribe de la Universidad de Puerto Rico, Recinto Río Piedras.

Denominación del resultado: Historiografía y prehistoria de Santiago de Cuba hasta 1960.

Autores: Jorge Ulloa, Héctor Montes de Oca.

Descripción y alcance: Bosquejo en torno a las fuentes documentales, escritas y orales, así como de los historiadores principales que han estudiado la prehistoria y la historia de Santiago de Cuba hasta 1960. En el trabajo se hace una valoración crítica del asunto tratado.

Introductores: Casa del Caribe, Facultad de Historia de la Universidad de Oriente, Encuentro de historiadores locales, Santiago de Cuba, 1991.

1990

Denominación resultado: Exploración y excavación de sitios arqueológicos de la región de Maíz.

Autor: Jorge Ulloa Hung.

Descripción del resultado y aportes: Se trata de nuevos descubrimientos de áreas arqueológicas en esta región de Cuba, que hasta ese momento estaban en estado de destrucción o semi destrucción. Sobresale la labor de rescate y preservación del área arqueológica conocida como el Agua y la punta de Maíz. La investigación incluye un registro fotográfico de las piezas y los lugares de interés científico así como dibujos y croquis. Resulta de gran valor este estudio pues aporta interesantes aristas sobre los procesos migratorios en el ámbito de las grandes Antillas y al interior de nuestro archipiélago.
Introductores: Casa del Caribe, Universidad de Oriente, Evento Nacional de Arqueología, Santiago de Cuba 1990.
Denominación del resultado. : Presencia africana en el carnaval de Santiago de Cuba.
Autor: Rafael Brea López.

Descripción del resultado y alcance: Explica la presencia africana en los carnavales de Santiago de Cuba manifiesta también en las festividades populares de Puerto Rico y Santiago de los Caballeros en República Dominicana, ciudades de las Antillas hispanas que celebran anualmente a Santiago apóstol. Es un impacto fuente de referencia para los estudios sobre las festividades populares en Cuba y el Caribe hispano.
Introductores: Casa del Caribe y la Universidad de Oriente, Revista Del Caribe, nº 18, 1990.
Denominación del resultado: Presencia francesa-haitiana en la región oriental de Cuba.
Autor: Jorge Luis Hernández.
Descripción del resultado y alcance: Estudio de carácter básicamente histórico que pretende promediar el alcance de la emigración francesa a la región oriental de Cuba en la primera mitad del siglo XIX. Intenta resumir la información proveniente de la labor de

expansión en 35 ruinas de cafetales en Santiago de Cuba y la isla de Guadalupe en la cual se estudia a profundidad el proceso de beneficio del café.

Introductor. : Casa del Caribe, Universidad de Oriente, Dirección Provincial de Patrimonio.

Denominación del resultado. : Perspectiva cubana de Marcas Garbea.

Autor: Bernardo García.

Descripción del resultado y alcance: Establece los diferentes grados de la influencia del garveiyismo en Cuba y las especificidades políticas de la visita de Marcas Garbea a Cuba. Indagación que resulta de una extensa búsqueda en fuentes bibliográficas y documentales.

Introductores: Casa del Caribe y Universidad de Oriente, Conferencia anual de la asociación de estudios del Caribe, Barbados 1990.

Denominación del resultado. : Indagaciones sobre dioses y muertos.
Autor: Joel James Figerola.
Descripción y alcance: Caracterización de las expresiones religiosas (santería, vudú, regla conga, espiritismo de cordón) presentes desde los días del sistema de plantaciones aun cuando algunos pueden tener antecedentes proto-plantacionistas y otros aparecen en el proceso mismo de la extensión de la esclavitud. Análisis de los principios religiosos de estas variantes religiosas y de su génesis histórica.
Introductores: Casa del Caribe, Seminario: Semillas del comercio, intercambio cultural y económico en el Caribe, Santiago de Cuba, 1990.Smithsonian Institution.
Denominación del resultado: Festival e Identidad.
Autor: Bernardo García.
Descripción y alcance: Ensayo en el que se estudian las características principales del mayor evento del país de

- -   173

confrontación de las expresiones de la cultura tradicional cubana con sus equivalentes procedentes de los pueblos del Caribe. Centra su atención en como este contacto e intercambio ha contribuido a reforzar la identidad del cubano y su sentido de pertenencia a una cultura regional común que definimos como cultura caribeña.

Introductores: Casa del Caribe, Seminario Semillas del Comercio, intercambio cultural y económico en el Caribe, Santiago de Cuba 1990. Smithsonian Institution.

Denominación del resultado: Festival e Identidad.

Autor: Raúl Ruiz Miyares.

Descripción y alcance: Indagación en torno al tema del imaginario cultural del pueblo que se manifiesta de manera más viva en el diseño del vestuario, de los artefactos rituales, como parte de la capacidad de creación plástica de los pueblos del Caribe.

Introductor: Casa del Caribe, Centro Cultural Africano Fernando Ortiz.

Denominación del resultado: Elementos africanos en la pintura cubana.

Autor: Raúl Ruiz Miyares.

Descripción y alcance: Indagación en torno al lugar que ocupan y el papel que desempeñan los componentes del rico imaginario creativo que nos legaron los pueblos del continente africano y que se manifiestan con una firmeza y profundidad notables en la pintura cubana a lo largo y ancho de nuestra historia.

Introductor: Casa del Caribe, Centro Cultural Africano Fernando Ortiz.

Denominación del resultado. : Reflexiones sobre literatura oral.

Autor: Raúl Ruiz Miyares.

Descripción. y Alcance: Indagación en torno a como se ha manifestado y esta presente la literatura oral en el quehacer cotidiano y en la vida nacional del pueblo cubano, tanto en su devenir como en el presente.

Introductores. : Casa del Caribe, Taller internacional sobre literatura oral, La Habana, 1990. Denominación del resultado; Los sistemas mágicos religiosos cubanos, diez años antes y diez años después.
Autor: José Millet.
Descripción y alcance: Análisis comparativo en torno a las características y comportamiento de los principales sistemas de pensamiento mágico-religioso en dos etapas: En los arranques de la década de los ochenta y en el comienzo de la siguiente década. Fue presentado por su autor como ponencia en el marco de la Conferencia Anual de la Asociación de Estudios del Caribe, de USA, celebrada en Barbados y luego publicado en Republica Dominicana.
Introductor: Casa del Caribe, Conferencia Anual de la Asociación de Estudios del Caribe, Barbados, 1990.
Denominación del resultado: Guión técnico para la construcción de una prefectura mambisa.
Autor: Julio Corbea Calzado.

Descripción y alcance: Fundamentación histórico-cultural indispensable para la reconstrucción de esta importante instalación concebida y realizada por él ejercito Libertador Mambí como parte de su estrategia de resistencia para vencer a un enemigo en posición ventajosa como lo era el sistema de dominio colonial español.

Introductores: Casa del Caribe. Consejo Popular del poblado de El Cobre.

Denominación del proyecto: Creación Steel Band con obreros Minas de El Cobre.

Descripción y alcance: Importantísima labor de preparación de algunos mineros del poblado de El Cobre que concluyo con la creación de la primera orquesta de Steel Band de fuera de la Capital de cuba. Contó con la valiosa asesoría y presencia de varios músicos y técnicos de la Republica cooperativa de Guyana como resultado de un convenio cultural con la Casa del Caribe y nuestra presencia allí.

Introductores: Casa del Caribe, Poblado de El Cobre.

Denominación del proyecto: Coordinación del Proyecto Cultural Plan Montaña.
Autor: Julio Corbea Calzado
Descripción y alcance: Labor de estudio y animación de la cultura del macizo montañoso que rodea el poblado de El Cobre. Ha implicado también la creación de un equipo de investigaciones sociológicas aplicadas.
Introductores: Casa del Caribe y Consejo Popular de El Cobre.
Denominación del proyecto: Coordinación Proyecto Loma del Cimarrón.
Autor: Julio Corbea Calzado
Descripción y alcance: Proyecto de animación de la languidecida vida cultural del poblado de El Cobre, el cual ha implicado no solo el estudio de sus características propias, sino también la creación de grupos de creación musical y danzaria que funcionan cotidianamente como parte del entorno social.

Denominación del proyecto: Registro histórico fotográfico de las minas de cafetales franceses.

Autor: Julio Corbea Calzado

Descripción y alcance: Proyecto en ejecución del registro fotográfico de los objetos más significativos de la Mina del Cobre y de las principales ruinas de los denominados cafetales francesas, enclavados en el macizo montañoso que rodea al poblado.

Denominación del proyecto: Coordinación editorial

Autor: Julio Corbea

Descripción y alcance: Labor de búsqueda, análisis minucioso y edición de obras relacionadas con la historia, la sociedad y la cultura de Cuba, con énfasis particular en aquellas que abordan las historias de las localidades pertenecientes a Santiago de Cuba y al Oriente cubano.

Introductores: Casa del Caribe y Editorial Oriente.

Bienio 2003- 2002

En el bienio que transcurre se encuentran en ejecución los siguientes proyectos que responden a los objetivos de la política científica que la institución ha trazado para dar respuesta a las necesidades culturales de nuestro país:

Proyecto 1: Espacios sagrados: tradiciones religiosas en el Oriente de Cuba.

Autores: Investigador Auxiliar José Millet y Profesora Dra. Jualynne Dodson.

Significación y alcance del proyecto: El presente proyecto se inscribe en o forma parte del proyecto general de estudio de las tradiciones religiosas del pueblo cubano en su relación con el contexto de y la espiritualidad Caribe y Afrecha y, también, en el particular de cómo ellas se manifiestan en la región oriental de la Isla, ambos inscriptos en el programa científico que lleva adelante la Casa del Caribe desde su fundación. Fruto de una vieja colaboración interinstitucional con el Equipo de Estudios de los Africanos en el

Atlántico que dirige la profesora Dodson desde la Universidad Estatal de Michigan, se discuten y analizan los conceptos básicos de lo que sus autores denominan espacios sagrados presentes en las religiones afrocubanas y en el espiritismo, arraigados y extendidos en esta porción territorial de Cuba y que tanta importancia tienen en lo relacionado con la formación de la nación cubana y la identidad cultural propia de sus habitantes. Es la primera vez que el tema es tratado en lo que respecta al ámbito físico y social seleccionado.

Resultados esperados: Materiales útiles para entender y promover la cultura cubana propia de la región oriental y escribir artículos que contribuyan a diseminar otra visión de estos sistemas religiosos. Finalmente, la investigación permitirá la publicación de un libro con fotos ilustrativas.

Introductores: Casa del Caribe, Universidad Estatal de Michigan, USA.

Proyecto 2: Turismo y adaptación sociocultural en El Cobre.

Investigador que participa: Kenia Orta Armaignac.

Significación y objetivos generales: El mito de presentar el turismo como industria exclusiva para el desarrollo se construyo sobre un imaginario que comenzó a elaborarse en las sociedades europeas desarrolladas a partir de los 30 del siglo XX fundamentado en una visión económica de los procesos sociales; situación que favoreció una fuerte concepción heteróclita del turismo para lo cual se construyo un modelo de industria de producción orientada a satisfacer las necesidades del consumo de otros, tanto mas necesidades de consumo de ocio existieran mientras las sociedades garanticen la existencia de un excedente remunerativo creciente para desarrollar actividades de recreación por las fuerzas productivas que lo transforman de imaginario en mercado potencial, lucha que se vio facilitada por la expansión de las tecnologías que permitieron su unificación, como es el caso del transporte aéreo. La composición del turismo como industria de reproducción infinita junto a sus rápidos beneficios económicos son los presupuestos básicos que fundamentan su conversión en paradigma de desarrollo y es lo que favorece que esta industria sea asumida en los países del tercer mundo como modelo de desarrollo en sus estrategias sociales. Cuba en cuanto a los propósitos de esta industria reclama la triple existencia de: El crecimiento económico, la difusión social de sus frutos y la condición de que sea ecológicamente sostenible, por lo que un estudio que aborde los posibles aspectos que el turismo pudiera generar en zonas de la cultura debe valorar las especificidades propias de nuestro contexto en lo referido a lo que la voluntad política y gubernamental expresa en defensa de la identidad, la existencia de una política cultural y la existencia de documentos rectores que regulan las relaciones entre las esferas turística y cultural. De ahí que este proyecto este encaminado a valorar el impacto que el turismo ha tenido en el poblado del Cobre, comunidad en la que ha crecido un movimiento de artesanos populares inédito hasta entonces en el Cobre donde la artesanía se convierte en alternativa económica y estrategia de adaptación sociocultural y el objeto artesano es un reforzador de los elementos identitarios de la comunidad, al mismo tiempo que un resurgir turístico con sus consecuentes interacciones.

Resultados esperados: Este proyecto debe concluir en un trabajo de tesis de un diplomado de Antropología Aplicada auspiciado por la Casa del Caribe y la Universidad de Oriente. Proyecto de libro sobre El impacto del turismo en Santiago de Cuba.

Introducción y socialización de los resultados: Publicación de los resultados parciales de esta investigación en publicaciones periódicas. Ponencia que se presentará en el evento científico Cultura y Desarrollo.

Proyecto 3: Los flujos migratorios franceses a Santiago de Cuba (1800-1868)

Investigador que participa: Laura Cruz Ríos.

Significación y objetivos generales: Este proyecto se propone profundizar en el conocimiento de la implantación francesa en Santiago de Cuba y su contribución a la formación de la identidad local. A partir de una nueva perspectiva con el estudio de la historia de las mentalidades se caracterizarán estos flujos a través de algunas familias e individuos protagonistas de ellos entre (1800 -1868) y el encontrar las similitudes y diferencias entre ellos nos permitirá reconstruir una parte de la historia local santiaguera.

Resultados esperados: Trabajo de tesis de la maestría Estudios cubanos y caribeños de la universidad de oriente.

Introducción y socialización de los resultados: Divulgación del aporte francés para la cultura santiaguera a través del programa radial Santiago cuenta su historia.

Proyecto 4: La Casa del Caribe y su Festival del Caribe.

Significación y objetivos generales: La Casa del Caribe y su Festival inciden de manera palpable en el reconocimiento de los factores que concurren en la cultura popular tradicional cubana, como son: 1.- la influencia en la Casa y el Festival del Caribe en el desarrollo cultural de la ciudad; 2.- reafirmación de la pertenencia del pueblo cubano a la comunidad de pueblos caribeños;   y 3.-reconocimiento de los grupos cubanos portadores de la cultura popular caribeña.

Resultados esperados: Proyecto de tesis para un trabajo de Antropología Aplicada auspiciada por la Casa del Caribe y la Universidad de Oriente.

Introducción y socialización de los resultados: Publicación de los resultados parciales en publicaciones periódicas y elaboración de una ponencia que se presentará en el evento Cultura y desarrollo.

Proyecto 5: Denominación del proyecto: Estudio e historia de las familias de la santería o regla de Ocha en Santiago de Cuba.

Autor: Lic. Maria Isabel Berbes Ribeaux

Descripción y alcance: Persigue el objetivo de sacar a la luz, cuales son los mecanismos de engrandecimientos de este modelo religioso, muy visible en y conocido en nuestro país. Y por otro lado, precisar aspectos relacionados con el asentamiento en dicha ciudad de este esquema de creencia que fue importado, en la década de los años treinta, del occidente cubano.

Capítulo **VII.- Docencia y actividades vinculadas con ella.**

2003-1983
Atención como parte de su plan aprendizaje a los estudiantes de la Universidad de Oriente insertados en nuestra institución en su período de práctica docente y a otros estudiantes de diferentes Centros de Educación superior cubanos y de otros países, en base a lo cual la Universidad de Oriente nos otorgó la condición de Unidad

Docente que nos capacita para impartir cursos y servir de profesores en algunas modalidades académicas.

2003

Denominación de la actividad docente: Viaje a las semillas del son.
Seminario intensivo impartido a un grupo de norteamericanos organizados por el CRAG (Cuban Research and Analyse Group). Tuvo como escenarios las ciudades de Santiago de Cuba, Guantánamo, Baracoa y Holguín.)

2003 desde 1988

Cursos y conferencias sobre "Religiones Populares Cubanas" en la Casa del Caribe impartidos a cubanos y extranjeros.
Impartición de la asignatura Apreciación e Historia del Teatro. Escuela de Instructores de Arte. Especialidad de Teatro. Santiago de Cuba.
Docente Agregada en el Seminario San Basilio El Magno de Santiago de Cuba, dependencia de la Pontificia Universidad de Santo

Domingo, donde imparte la asignatura de Religiones Populares Cubanas desde el ano 1999 hasta 2003. Lic. Maria Isabel Breves Ribeaux.

2002

Denominación de la actividad: Del son a la salsa.

Descripción y alcance: Seminario intensivo impartido a entre La Habana-Trinidad-Santiago de Cuba a un grupo de norteamericanos organizados por el Cuban Research and Analyse Group (CRAG) de USA

2002 y 2001

Docente en los Cursos de Posgrado en la Universidad de Oriente sobre Religiones de Base Africana en la Facultad de Ciencias Sociales en los años 2001 y 2002.

 Cursos de postgrado relacionados con los elementos africanos en las artes plásticas cubanas y sobre las religiones de base africana que se practican en Cuba, impartidos a estudiantes de cuarto año de

Historia del Arte de la Universidad de Oriente, en los años 1999, 2000, 2001 y 2002. Docente: Raúl Ruiz M.

Conferencias sobre cultura cubana, religiones de base africana y sobre las artes plásticas cubanas a profesores y estudiantes de la Universidad de Connecticut, EEUU, impartida en el Hotel "Las América" de Santiago de Cuba, Julio del 2002.

Profesor ayudante de cine cubano, Burdeos Ceder, 2002. Docente: Laura Cruz.

Profesor Cultura Cubana, Inst. Auch, 2002 Francia.

Profesor ayudante, Inst de Hispanoamérica, Toulouse 2002.

Consultante Tesis de Doctorado Tipología de los cafetales franceses, Univ. Ote. 2003-Consultante Tesis de Maestría Grupos Centenarios: Soc. de Tumbas Francesas de la Univ. Concordia Canadá, 2002.

2001

Oponente de dos tesis de grado relacionadas con la caficultora del
ote. Cubano. Julio 2001 Univ de Ote. Facultad de Arquitectura.
Investigadora: Laura Cruz.
2001 y desde 1983
Especialistas de la institución han impartido conferencias, ciclos de
conferencias y otras actividades docentes en las siguientes
universidades:
 (1983 y 1986) Universite Antilles Guyane, Pointe-a-
Pitre,Guadeloupe, FWI; University of The West Indies (Barbados,
1987); Universidad de Varsovia y Universidad de Krakovia (1987 y
1988); Universidad de Puerto Rico (1989, 1990, 1991); Universite
Antilles Guyane (Martinique, 1993); Universidad Autónoma de
Santo Domingo (1986 y 1990); Universidad Centro Occidental
Lisandro Alvarado y Universidad Pedagógica Simón Bolívar, de
Venezuela; Universidad de Quintana Roo (México, 1997);
Universidad de Vigo (1998), Universidad de Santiago de

Compostela, España (l999), Universidad Valladolid (2000) y Universidad Nacional Experimental Francisco de Miranda, de Venezuela (2001

El cine cubano y la Revolución. Proyección con introducción teórica y comentarios de doce filmes realizados por el ICAIC. Centro Comunitario de Cultura Popular Guachirongo. Barquisimeto., Venezuela. Taller auspiciado por el Instituto de Cultura del Estado Lara y la Dirección de Cultura de la Alcaldía Iribarren.

2000

Conferencias dictadas en la Facultad de Sociología de la Universidad de Trento, Italia, con la que se realizo además labores de intercambio cultural por un periodo tres meses, en el ano 2000. Docente: Lic. M.I.B.R.

Colaboración con la Asociación Carita y el Obispado de la Ciudad de Bolssano impartiendo cursos al personal que labora en la mencionada institución, ano 2000. . Docente: Lic. M.I.B.R.

Conferencia "La vida y obra de Soler Puig". Casa de la Cultura de la Comunidad del Cobre como parte de un proyecto de colaboración entre la Casa del Caribe y este poblado. Conferencista: Alejandro Cabal.

La religiosidad popular en el Oriente de Cuba. Charlas dictadas a alumnos de la Universidad de Colorado, Boulder. Docentes: José Millet y Julián Mateo Tornes.

Ciclo de clases sobre sincretismo religioso impartido en el diplomado de Antropología aplicada, organizado por la doctora María Eugenia Espronceda en coordinación la Facultad de Ciencias Sociales de la Universidad de Oriente y la Casa del Caribe, durante el año 2000.Docentes: José Millet, Raúl Ruiz Miyares.

2000 y desde1996

Profesor Adjunto de la Escuela de Hotelería y Turismo (FORMATUR) de Santiago de Cuba. Departamento de Turismo,

Impartiendo la asignatura: Introducción al turismo, asignatura complementaria de las especialidades técnicas.

1999

Cursos de pregrado en la Escuela Interarmas Antonio Maceo, ano 1999.Docente: MIBR

Consultante Tesis de Maestría "Influencia del creole en el habla del cubano" Univ. de Ote.- 1998-1999.

Consultante de tres Tesis de Maestría de la Universidad de Burdeos III, Francia, 1997, 1998 y 1999.

1998 y 1997

Profesor del Curso de Actualización: Panorama de la Cultura Cubana en FORMATUR Santiago. Curso de superación a directivos del turismo del sector comercial.

Tutor de Diploma "Los Franceses y su contribución a la autoafirmación de lo santiaguero......", ISPFP- 1998.

Consultante de dos trabajos de Diploma titulado " Los cafetales franceses : tipología y métodos para su estudio", Fac. de Arq. Univ. de Ote.- 1997 (primera parte) y en 1998 (segunda parte).
Consultante Tesis de Maestría "Boytel y la naturaleza" Univ. de Ote.- 1998-1999.
Impartición del módulo Sociología del Turismo en la maestría Gestión Turística. Facultad de Ciencias Económicas y Empresariales. Universidad de Oriente. 1998.
Profesor Adjunto del Curso de Postgrado Patrimonio – Turismo Cultural, auspiciado por el CENCREM, la Universidad de la Habana y el Centro Provincial de Patrimonio Santiago de Cuba, sep-Oct. 1998Profesor Adjunto del Programa de Superación para graduados del ISPFP, desde 1997.
Profesor Adjunto del Curso de Postgrado Patrimonio – Turismo Cultural, auspiciado por el CENCREM, la Universidad de la Habana

y el Centro Provincial de Patrimonio Santiago de Cuba, sep-Oct. 1998.

1997

Varios especialistas nuestros: Curso "Caminos de la Historia y la Cultura Cubanas" impartido a estudiantes de la Universidad de York, Canadá. Centro de Superación para la cultura y el Arte de Santiago de Cuba. 1997

Talleres especializados en Religiones Afrocubanas impartidos por Joel James, José Millet y Alexis Alarcón dictados en los siguientes lugares y fechas:

Universidad Centro Occidental Lisandro Alvarado. Barquisimeto, Venezuela. 1997

Ateneo de La Guaira, Vargas, Venezuela. 1996

Universidad Pedagógica Simón Bolívar, Caracas, Venezuela.1995

Centro Comunitario de Cultura Popular Guachirongo. Barquisimeto, Venezuela.

Casa de la Cultura de Guarenas, Estado Miranda, Venezuela.1994
Universidad Autónoma de Santo Domingo. Republica Dominicana.1993
Museo del Hombre Dominicano. Republica Dominicana.1990
Instituto Dominicano del Folklore (INDEFOLK). Santo Domingo, Republica Dominicana.
Casa de la cultura de Guarenas y en la sede de la Asociación civil y cultural Cubano-Venezolana, en Caracas, Venezuela. 1987 y 1986.
1997 y desde 1988
Docente Julián Mateo Tornes: Cursos impartidos en la Carrera de Historia del Arte de la Universidad de Oriente y en la Facultad de Ciencias Sociales y Humanísticas. (Carreras Historia del Arte e Historia)
Asignaturas impartidas: Historia de la Literatura y el Arte.,Arte Cuba Revolución, Taller de Critica, Historia de la Filosofía, metodología de la Investigación, teoría de la Cultura Y, teoría de la

Cultura II, Teoría de la Cultura III, Teoría de la Cultura IV , Teoría de la Cultura V y Teoría de la Cultura VI

Profesor Adjunto del Programa de Superación para graduados del ISPFP, desde 1997

Profesor Adjunto Departamento de Historia del Arte, Universidad de Oriente desde 1997.

Profesor Adjunto del Centro Provincial para el Arte y la Cultura, desde 1997.

Profesor Adjunto Dpto. de Historia del Arte, Univ. de Ote., desde 1997

Consultante Diploma "Cafetal Kentuqui", Fac. de Arq. , Univ de Ote.- 1997.

Tutor Trabajo de Grado "Dos inmuebles de arquitectura francesa en Santiago de Cuba", Fac. Arq. , Univ. de Ote.- 1997

Consultante Diploma "La cultura culinaria cubana en la narrativa del siglo XIX", Extensión Cultural Universidad de Ote.- 1997.

1996

Profesor del Ciclo de Conferencias El turismo en Cuba: retos y perspectivas. Santiago de Cuba, Unidad de Divisa de la Policía Nacional Revolucionaria. Unidad 2 de la PNR ,

Profesor Adjunto de FORMATUR, desde 1996.

Consultante de la Tesis de Grado "La comida criolla en la región octal, relación con la influencia franco-haitiana", FORMATUR-1996.

Postgrado impartido en Santiago de Cuba a egresados de la Universidad de Montreal, Canadá, sobre la plástica cubana, 1996.

1995

Curso de post grado sobre Religiosidad Popular a egresados de la Universidad Pedagógica de Holguín, en la Casa Iberoamericana, Ciudad de Holguín, 1995.

Consultante Diploma "EL Cafetal octal.", Fac. de Periodismo, Univ. de la Habana- 1995.

1991

El sincretismo religioso en la cultura cubana. Impartido a profesionales del turismo, Hotel San Juan, 1991.

1990

Arte e Identidad Cultural. Impartido a periodistas, 1990.

Ciclo de charlas sobre el movimiento negrista en la plástica cubana; impartido a estudiantes de Historia del Arte Universidad de Oriente. Docente: Raúl Ruiz M.

La Africanía en la cultura cubana, impartida a profesionales del turismo en la sede del grupo CUBANACAN, en la Avenida de Las América, Santiago de Cuba.

1983

Julián Mateo T.: Curso "Problemas y Métodos de la Investigación Científica" impartido en el Instituto de Filosofía de la Academia de Ciencias de Cuba. La Habana, 1983.

Capítulo **VIII.- Asesorías.**

Como podrá apreciarse por los primeros resultados de las asesoráis y trabajo especializado brindados tanto a personalidades naturales como a entidades del mundo docente o académico hechos recién fundada la institución, aquellos no respondían a una estrategia integral de protección de la propiedad intelectual encaminada a asegurar beneficios económicos, en tanto se hacían de manera gratuita en sentido general. Pero a partir de la década del noventa, esta actividad pasa a convertirse en un medio para lograr ingresos económicos y, en ocasiones, materiales que incrementan los fondos pecuniarios y los medios técnicos de la institución, o de la entidad del Ministerio de Cultura encargada de su cobro, que es Artex concretamente.

2003

Atención especializada desde el punto de vista académico a norteamericanos de New Orleans en cuanto al carnaval santiaguero, su origen e historia, así como la guerra hispano cubana norteamericana durante las celebraciones por el 50 aniversario del ataque al Cuartel Moncada.

Asesoramiento sobre las investigaciones antropológicas de campo a la estudiante universitaria Yanique Hume de Jamaica, relacionada con el tema "Impacto Social de la Presencia Haitiana en el Oriente de Cuba" para su tesis de doctorado, por espacio de un año, de mediado del 2002 a 2003.

Al activista político y promotor cultural Louis Head, del Grupo de Análisis e investigación sobre Cuba (GRAC), en el proyecto de producción radial no comercial del CD musical denominado Cuban Conection number 17th., con la producción de la Afropop World Music, grabado in situ, que se transmitió por mas de 200 emisoras educativas en todos los Estados Unidos de Norteamérica y que rescata la música de grupos de varios géneros de la música tradicional y popular cubana del Oriente Cubano.

Asesoría técnica y adiestramiento durante seis meses dados a los estudiantes noruegos Paul Buggi y Kari Mariussen en su proyecto de estudio sobre las tradiciones musicales en el oriente de Cuba, particularmente en Santiago de Cuba.

Asesoría especializada y adiestramiento a la estudiante francesa Melanie Labesse, de la Universidad Charles De Gaulle-Lille 3, en su pasantía profesional para optar por la Maestría en Artes y cultura.

Trabajo especializado (promoción, organización, guiaje, etc.)

Al gobierno de Curazao, a través de la Dirección de Cultura, y de las Antillas Holandesas, a través del Minerillo de Cultura, a fin de lograr la participación de esos territorios en el XXII Festival del Caribe, labor que concluyó con la asistencia de una delegación cultural, artística y académica de estas islas que alcanzo la cifra sin precedentes en la historia de Cuba de varios centenares de personas.

Este trabajo se extendió por casi dos anos e incluyo contactos persona naturales amigas, con entidades oficiales, no gubernamentales, culturales, de investigación, entrevistas radiales, programas de TV y en medios de comunicación masiva.

Creación de la estructura de la página web de la Casa del Caribe y actualización de su contenido durante el ano, así como su colocación en el portal Santiago de Cuba.cu, en el del Ministerio de Cultura y del Buró de Convenciones, así como el web site afrocubaweb.com, uno de los más visitados acerca de Cuba, Latinoamérica-online.it y archivo cubano, estos dos últimos legalizados o inscriptos por italianos amigos nuestros de Italia.

Organización, dirección y conducción del Curso-Taller internacional Religiones Afro caribeñas en el Festival del Caribe 2001, 2002 y 2003. La matricula de este curso es cobrada a quienes se inscriben en él.

Visitas guiadas especializadas a personas y grupos de personas en la Casa de las Religiones Populares de la Casa del Caribe durante todo el ano y varios lustros consecutivos.

2002

A los estudiantes s universitarios suizos Matías Stickel y Eva en su tesis de maestría acerca de la santería en el oriente de Cuba.

Al profesor Nelson Valdés, de la Universidad de New México, y a Louis Head, del Grupo de Análisis e investigación sobre Cuba (GRAC), en el proyecto de producción radial no comercial del CD musical denominado Cuban Conection number 16th, bajo la producción de la Afropop World Music, grabado in situ, que se transmitió por mas de 200 emisoras educativas en todos los Estados Unidos de Norteamérica y que rescata la música de grupos de varios géneros de la música tradicional y popular cubana.

A la antropóloga norteamericana Martha Morena Vega, Directora del Centro de Estudios del Caribe de NY, en el documental Los espíritus bailan mambo, que se presento en el Festival de Cine Latinoamericano de la Habana. Festival internacional de cine, en La Habana dic 2002 y en la producción del CD intitulado provisionalmente Del gaga al bembé de Sao.

Asesoramiento de campo sobre la tesis de doctorado de la Licenciada en lingüística norte americana Kristina Wirtz titulada "Las Funciones Trópicas Del Parentesco en la santería cubana: un estudio antropológico"

Asesoría y composición musical del montaje teatral "Jaque Hipólito y su Tambor" por el grupo de teatro Calibán de Stgo. de Cuba. Hay que especificar que dicha obra teatral fue tratada en su montaje desde una perspectiva de las creencias populares de Cuba y el Caribe

2002-2001

Asesoramiento dado a los alemanes especialistas y artistas alemanes Elke Utemolhen y Martin Krull en el proyecto de instalación interactiva Santero acerca de la cultura tradicional cubana que se presento en la edición XXIII del Festival del Caribe, en Santiago de Cuba.

Descripción y alcance: La idea así como los materiales de video, fotos y música, se recopilaron durante los días del mes de diciembre y enero 2001/2002, junto a los artistas alemanes Elke Ultermohole, Martín Kroll y Martín Slawing. Este importante proyecto contó con el apoyo de producción del LTO-Theater Braunschweig, Blackhole-Factory y el Ministerio de la cultura Hannover/Land Niedersachsen y por la parte cubana con el apoyo de la Casa del Caribe de Santiago de Cuba.

El proyecto Santero es una instalación interactiva que proyecta de manera visual y sonora la vida cotidiana y ritual del quehacer de la santería en Santiago de Cuba.

Después de haber sido estrenada el día 7 de mayo del 2003 en Alemania, se estrenó en Cuba en el marco del Festival del Caribe

"Fiesta del Fuego", celebrado en Santiago de Cuba del 3 al 9 de julio del 2003.

Asesores. Abelardo Larduet y José Millet.

2001

A la Universidad Nacional Experimental Francisco de Miranda (UNEFM) en la creación de la Cátedra Libre El Caribe que nos une, en la cual impartí en 2001 la conferencia El Caribe a la hora de Cuba y otra acerca de la Literatura en el Caribe.

Al Instituto de Cultura del Estado de Falcón (INCUDEF) en el proyecto de Casa del Tambor y la cultura afro andina y del Festival internacional del cocuy.

Atención especializada a profesionales de la Universidad de Nueva Orleans, EEUU, en relación con la presencia francesa en Santiago de Cuba, los Carnavales, Cabildos de Nación, Historia y el Arte en Santiago de Cuba; Julio del 2002.

2000-1999-

Investigador asociado al proyecto de investigación Estrategia de Desarrollo Integral del Turismo en su Entorno Competitivo cuyo resultado fue la monografía Impacto sociocultural del turismo en Santiago de Cuba. Algunas reflexiones sobre la prostitución asociada al turismo(inédito), auspiciado por la Delegación Territorial del Ministerio de Ciencia Tecnología y Medio Ambiente. División de Ciencias Sociales. Santiago de Cuba.
Investigador invitado a participar en el proyecto: Desarrollo Integral de El Cobre, auspiciado por Gobierno Municipal de El Cobre.
1999-1998
Asistencia especializada durante tres meses a la antropóloga alemana Natalie Goltemboth, del Instituto de Antropología y Estudios Africanos de la Universidad Ludwig Maximus, con sede de Munich, en su tesis de doctorado titulada Arte y Religión.
Asesoría especializada al británico Megan Jones, de la Universidad de Londres, en el trabajo de campo y tesis de Maestría en

Etnomusicóloga intitulado Components of a Nacional Music: Expressions of identity and community in the carnaval groups of Santiago de Cuba. Asesores: Julián Mateo y José Millet.

1998

Asesoramiento histórico para el desarrollo del turismo cultural franco parlante a la Agencia Viajes Tour Cubanacán y TTOO Look Voyages, desde Enero de 1998.

1997

Asesoramiento a la máxima dirección del Partido Comunista de Cuba en la Provincia sobre la herencia franco-haitiana en Santiago, propuesta de proyecto cultural para el desarrollo del turismo franco parlante, especial asesoramiento sobre la Sociedad de Tumba Francesa "La Caridad de Ote.", Julio de 1997.

Asesoramiento histórico al ensayo fotográfico "La Huella francesa en el Ote. Cubano", auspiciado por la Agencia Francesa Rapho y la Embajada de Cuba en la UNESCO, Marzo de 1997

Asesoramiento al documental realizado por el equipo cinematográfico francés de Cannes sobre la huella francesa en Cuba, Agosto de 1997.

1996

Asesoramiento al documental histórico Sociedades Francesas en Cuba, auspiciado por la Embajada Francesa en Cuba, Mayo 1996.

Asesoramiento especializado al profesor Ysamur Flores, de la Universidad de Los Ángeles, California, en el trabajo de campo realizado en toda Cuba y la confección de su tesis doctoral acerca de la relación de santeros y babalawos.

Asesor: José Millet.

Asesoramiento del tema de investigación sobre la presencia francesa en Cuba a la Escuela Internacional de Cine Latinoamericano "San Antonio de los Baño", agosto de 1996.

Asesoramiento a la Asamblea Provincial del Poder Popular en Santiago de Cuba sobre el Patrimonio Cultural de la ciudad heredado de la influencia franco-haitiana, Abril 1996.

1995

Investigador invitado a participar en el proyecto: Desarrollo del polo turístico Santiago cuyo resultado fue el diseño de una guía cultural de Santiago, auspiciado por el Gobierno Provincial de Santiago de Cuba. Enero-Diciembre, Investigador invitado a participar en la elaboración de la ruta turística: Iré a Santiago, auspiciado por la agencia de viajes Rumbos Cuba, S.A. Santiago de Cuba. Octubre, 1995

Asesoramiento histórico sobre el tema de investigación a la EAEHT, Noviembre-diciembre de 1995.

Asesoramiento histórico y profesor adjunto de FORMATUR (sobre la herencia francesa y el patrimonio culinario del Caribe), desde 1995.

Asesoramiento histórico al documental "La Impronta Francesa en Cuba", auspiciado por el MINTUR, Noviembre 1995.
1988-1987
Asesoría especializada a una delegación del Estado de Quintana Roo, México, para la fundación y organización del Festival Internacional de las culturas del Caribe, que se realiza en Cancún.
Asesores: Joel James. Alexis Alarcón, José Millet.
1987 y desde 1986
Asesoría especializada a la profesora Ivonne Laver Daniel en lo relativo al trabajo de campo y la confección de su tesis doctoral titulada Etnographic of Rumba: Dance and Social Change in contemporay Cuba. , que ha visto la luz en forma de libro.
Asesor: José Millet
1984

Asesoramiento especializado a la tesis La identidad del oriental, de la estudiante polaca Liudmila Lisocka-Jaegerman, de la Universidad de Varsovia, Polonia.
Asesor: José Millet.

Capítulo **IX.- Superación de los investigadores y especialistas que investigan.**

2003
Actualmente se encuentran 4 investigadores en condicion de estudiantes del doctorado escolarizado en Ciencias de la Cultura por la Universidad de Oriente. Facultad de Ciencias Sociales. Santiago de Cuba
Pendiente de discusión de su tesis para optar por el grado científico de Máster en Estudios Cubanos y del Caribe: M. I. B. R..

Diplomado en Relaciones Públicas. Asociación de Comunicadores
  Sociales. Junio 2003.
Curso de Seguridad Informática. UPEC. Sep. 2003.
2002
Curso La Antropología Social y cultural en los inicios del nuevo
milenio. Santiago de Cuba. Universidad de Oriente. Facultad de
Ciencias Sociales. Enero 2002. Impartido por: Dr. Alberto Galván
Tudela, Profesor Titular del Laboratorio de Antropología Social de la
Universidad de La Laguna. Tenerife. España.
Estudio de familia y parentesco a cargo de la Dra. María Eugenia
Espronceda, Profesora de la Facultad de Ciencias Sociales y
Humanidades de la Universidad de Oriente.
2002-2001
Diplomados de Antropología Aplicada. Universidad de Oriente.
Impartido por la Profesora Dra. Maria Eugenia Espronceda y por
otros profesores.

Estudio de Antropología religiosa. Santiago de Cuba. Casa del Caribe. 2001. Impartido por: Dr. Elio Masferrer, Antropólogo y Profesor Titular de la Universidad Nacional Autónoma de México.

2002-2001

Diplomado en Comunicación Social. Universidad de Oriente.2001 al 2002.

2002-2001

Maestría en Comunicación Social. Universidad de Oriente. 2001-2002

2000 al 2001

Diplomado de Antropología Cultural Aplicada. Santiago de Cuba. Facultad de Ciencias Sociales. Universidad de Oriente.

La memoria y la tradición oral. Una visión antropológica. Santiago de Cuba. Oficina del Historiador de la Ciudad. Enero 1999. Impartido por: Investigador David González, Investigador Auxiliar del Centro de Estudios de Afrecha y Medio Oriente (CEAMO) de La Habana.

Técnicas Participativas. Universidad de Oriente.

Taller de Religiones populares cubanas comparadas Fernando Ortiz in Memorian.

Casa del Caribe.

1999

Estudios de Antropología Aplicada, por el Dr. Guerin Monthilus, Profesor de la Wayne University, de Estados Unidos.

Curso de Técnica de muestreo. Impartido por Lic. Miguel Rueda, Universidad de La Habana.

Gerenciamiento de Eventos. FORMATUR. 1999.

1998

Curso América Latina frente a la Estética Occidental. Santiago de Cuba. Casa del Caribe. Febrero 1998 Impartido por: Dr. Adolfo

Colombres, Antropólogo y escritor argentino, autor del libro La Hora del Bárbaro. Bases para una antropología social de apoyo.
Taller: El desafío del Nuevo Milenio (1998)
Política Cultural de la Revolución Cubana. Centro de Estudios Martianos (1998).
1997
Taller de Promoción y Divulgación. Centro de Superación Cultural. Santiago de Cuba 1997.
Marketing Cultural. Ídem.
1996
Seminario de Revelamiento Turístico. Escuela de Hotelería y Turismo FORMATUR Santiago de Cuba, 1996.
Adiestramiento Intensivo en la materia de Arquitectura del Caribe. La Habana. Universidad de La Habana. Facultad de Artes y Letras, Departamento de Historia del Arte. Abril, 1996. Impartido por: Dra. Yolanda Wood, Profesor Titular de la Universidad de La Habana

Curso Sociología del Turismo. Santiago de Cuba. Universidad de Oriente. Facultad de Ciencias Sociales, Departamento de Sociología. Mayo, 1996 Impartido por Víctor Téllez, Profesor Auxiliar de la Universidad de Oriente.
Curso sobre Cultura Cubana, Cine, Literatura, Artes Plásticas, Arqueología, Historia Regional. Centro de Superación para la cultura de Santiago de Cuba.
Historia de la Cultura Cubana y del Cobre. Centro de provincial de Superación para la cultura, Santiago de Cuba.
Curso superior de Filosofía en la Universidad de Oriente.
Metódica de la enseñanza de las Ciencias Sociales; Instituto Superior Pedagógico Frank País.
Curso de Pedagogía; Instituto Superior Pedagógico Frank País.
Técnicas de negociación.   Universidad de Oriente.
Organizaciones Empresariales. Universidad de Oriente.
1995

Dirección del Proceso Cultural. Idem,

Política Cultural. Centro de Superación Cultural. Santiago de Cuba, 1994.

Promotor Cultural. Centro de Superación Cultural. Santiago de Cuba, 1994.

Historia de la Cultura Cubana. Centro de Superación. Santiago de Cuba, 1994.

1993

Comunicación Promocional y Marketing. Departamento de Video-Film Publicaciones, Parque Baconao Santiago de Cuba, 1993.

Introducción a la Publicidad, Parque Baconao.

Marketing. Curso recibido por algunos de nuestros especialistas en la Facultad de Ciencias Sociales y Humanísticas de la Universidad de Oriente.

Historia del Arte, por la Universidad de Oriente, Santiago de Cuba. Cuba

Estudios de Postgrado.
1992.
Historia de la Etnología. Impartido por el etnólogo Alberto Pedro Díaz, de la Academia de Ciencias de Cuba, Centro Cultural Africano de Santiago de Cuba, 1992.
Curso "Arte del Caribe". Dra. Yolanda Wood de la Universidad de la Habana, en la Universidad de Oriente.
Estadísticas Paramétricas y Estadísticas no Paramétricas. Curso recibido por varios de nuestros investigadores en el Centro de Superación para el arte y la cultura de la provincia de Santiago de Cuba.
1991
Metodología de la Investigación Social. Centro Provincial de Superación para la cultura, Santiago de cuba.
La prosa negrista. Impartido por Dra. Amparo Barrero, Universidad de Oriente, 1991.

Arte Internacional Contemporáneo. Impartido por la Dra. Yolanda Wood, Universidad de La Habana, 1991.

Arte del Caribe. Impartido por Dra. Yolanda Wood, Universidad de La Habana, 1991.

Postgrado de animación sociocultural (profesor español, David H. Montesinos, 1991

1990

Literatura Africana. Impartido por Dra. Mirtha Fernández, Profesora de la Universidad de La Habana, 1990.

Los llamados cultos sincréticos como fenómeno religioso en la sociedad cubana contemporánea. Impartido por Dr. Aníbal Argüelles, Centro Cultural Africano de Santiago de Cuba, 1990.

Semiótica. Impartido por Dr. Renato Parda, Universidad Autónoma de México, 1990.

La Revolución Cultural en Cuba. Centro de Superación (Oct-Nov/1990).

Teoría y práctica de la Dirección; Centro de estudios de técnicas de dirección. Instituto Politécnico José Antonio Echevarria
Técnicas de dirección ídem.
Curso de marketing, Centro de adiestramiento de la Aviación.
Gerencia Empresarial. Ídem.
1989.
Curso "Arte Cuba Revolución" impartido por la Dra. Adelaida de Juan, Universidad de la Habana.
Técnicas de Programación aplicadas a las Ciencias Sociales (Academia de Ciencias de Cuba, 1989
Metodología de la Investigación de las Ciencias Sociales (Universidad de La Habana, 1983)
Curso sobre diseño de investigación. Impartido por Lic. Miguel Rueda, Universidad de La Habana, 1989.
1987

Seminario de superación metodológica a subdirectores técnicos de Casas de Cultura (sep., 1987)
1983.
Curso "Problemas y Métodos de la Investigación Científica" recibido en él
Instituto de Filosofía de la Academia de Ciencias de Cuba.
Coloquio sobre identidad caribeña (abril, 1983)
Metodología de la investigación sociológica (mayo, 1983)
Seminario sobre música folklórica (nov., 1983)
1982
Seminario sobre sistemas mágicos religiosos cubanos (dic., 1982)

Otros cursos de superación de grado y postgrado recibidos:
Promoción Cultural para jóvenes egresados.
Metodología de la Investigación.
Animación y Promoción Cultural.

Trabajo Comunitario Socio Cultural.
Arte Caribeño.
Archivología.
Paleografía.
Computación.
Religiones Populares: Vodú, Bembé de Sao, Regla Ocha, Espiritismo (Cordón, Cruzado de Caridad y Kardeciano) y Regla Conga o de Palo.
Arte Caribeño.
Sociología del Turismo.
Metodología para la investigación sociocultural.
Identidad Caribe.
La emergencia civilizatoria de América Latina.
América Latina frente a la estética Occidental.
El desarrollo cultural de los sectores populares.
Patrimonio Turismo Cultural.

Curso Básico de francés.

Acelerado I y II de la Alianza Francesa.

Cuba: identidad Caribe y Conciencia Nacional.

Cuba: inmigración e identidad.

Problemas fundamentales de la historia del Caribe.

Metodología y Metódica de la investigación sociológica aplicada a la cultura.

Arqueología aborigen en Cuba y el Caribe.

Arqueología Colonial.

EE.UU. y sus relaciones con Cuba y el Caribe.

Métodos y procedimientos de la investigación histórica.

Problemas teóricos y metodológicos de la investigación histórica. Historia de las mentalidades.

Conquista, esclavitud y procesos sincréticos.

Política cultural cubana.

Integración del pensamiento caribeño.

Cultura cubana contemporánea.
Cine cubano.
Marketing del Producto cultural.

Capítulo **X.- Eventos.**

A manera de introducción, resulta obligado recordar aquí el Encuentro internacional de intelectuales antiimperialistas Maurice Bishop In Memoriam, organizado conjuntamente con el Centro de Estudios de América con ocasión del primer aniversario de la desaparición física del líder de la Revolución granadina y que contó con la presencia de varias decenas de destacadas figuras del mundo académico, político y artístico de la región.

Eventos auspiciados y/o organizados por la institución:

- -   227

2003-1981: 23 ediciones ininterrumpidas.

Festival del Caribe, Fiesta del Fuego. Incluye el Coloquio Central El Caribe que nos une y los siguientes talleres y cursos especializados: 1.- Curso-Taller de religiosidad tradicional popular; 2.- Taller Francia y el Caribe; 3.- Taller de Patrimonio cultural e identidad; 4.- Taller de comunicadores sociales; 5.- Taller de música y fiestas del Caribe; 6.- Taller Cultura y turismo; 7.- Encuentro internacional de Poesía del Caribe.

2002-1985

Encuentro Nacional de historiadores locales. Evento concebido y organizado por la Casa que es único de su tipo en Cuba y uno de los más singulares en todo el Caribe. Reúne cada año a decenas de historiadores y estudiosos que se aplican a la investigación de sus localidades, quienes presentan comunicaciones y discuten temas de mucha importancia para la cultura nacional. En ocasiones este evento ha contado con la participación de especialistas extranjeros.

Cuenta con el couspicio de la Unión Nacional de Historiadores de Cuba y de la Oficina de la Historiadora de la ciudad de Santiago de Cuba.

2003-199…

Encuentro de Tumbas Francesas. Originalmente fue organizado por la Casa del Caribe y la Dirección Provincial de cultura de Guantánamo, que sirvió de excelente locución. No solo se logro reunir a las únicas tumbas francesas existentes en el país, sino también organizar un evento donde se presentaban y discutían ponencias que trataban el tema de la presencia franco-haitiana en nuestra cultura nacional. Actualmente se realiza en el Taller Francia y el Caribe, que tiene lugar cada año en el marco de la Fiesta del Fuego.

2000

Taller Bob Marley a la Luz del Rastafári. Auspiciado por la Casa del Caribe, Centro Cultural Africano Fernando Ortíz y la Fundación

Caguayo, celebrado en Santiago de Cuba en febrero del 2000. Participación con la ponencia "El Reggae Concreción musical del Caribe como base de resistencia".

1999 y 1993

XVII Encuentro de Historiadores Locales, celebrado en Santiago de Cuba del 23 al 25 de noviembre del 2000, auspiciado por la Casa del Caribe y la Oficina del Historiador de la Ciudad. Ponencia "Incidencias de las Creencias de Origen Bantú en el Panorama Histórico de las Provincias Orientales", por A. Larduet.

1999

Seminario internacional "La Bantuidad Iberoamericana", auspiciado por la Universidad de Alcalá (España), la UNESCO, Centro Cultural Africano Fernando Ortiz de Santiago de Cuba y la Casa del Caribe. Realizado en Santiago de Cuba en julio de 1999. Ponencia titulada "Influencia de lo Bantú en las diferentes Creencias Populares de base africana en Cuba", por A. Larduet.

Taller Bob Marley a la Luz del Rastafari. Auspiciado por la Casa del Caribe, la Fundación Caguayo, el Ateneo Cultural Lic.Bravo Correoso y el Centro Cultural Africano Fernando Ortíz. Celebrado en Santiago de Cuba en febrero de 1999. Participación con la ponencia "Vida y Obra de Bob Marley"

1999 y 1993

Congreso Mundial sobre La Muerte en el ano 1993 y 1999 .Ponentes.

1998

Taller internacional Las Religiones Afrocubanas realizado del 3 al 5 de julio organizado por la Casa del Caribe y el New College de la Universidad de Toronto.

1996.

Seminario cubano-polaco. 1996.

Encuentro Cuba / Venezuela sobre cultos afro americanos . Ponente: MIB

1995

Taller sobre y de Literatura oral, organizado en el marco del Festival del Caribe y fuera de el también.

1994

Congreso Mundial Sobre Migraciones y Sincretismo Cultural, celebrado del 1 al 5 de julio de 1994, organizado por la Casa del Caribe.

1993

Congreso Mundial sobre la Muerte. Del 25 al 27 se celebra en Santiago de Cuba el auspiciado por la Casa del Caribe y en el presenté una ponencia titulada "Concepto de Muerte para los Paleros".

1993 y desde 1986

Jornadas de la cultura Cobrera (1986-1993).

1990

Seminario Semillas del Comercio, intercambio cultural y económico en el Caribe. Realizado en Santiago de Cuba bajo los auspicios, organización y participación de los investigadores de la Casa del Caribe en el año de 1990. Fue el único evento científico que la institución federal norteamericana Smithsonian Institution realizo en el continente con ocasión de la conmemoración de los 500 años del descubrimiento de América. A el asistió un nutrido grupo de antropólogos, sociólogos e historiadores de la mas elevada estatura académica dentro de las Ciencias Sociales del hemisferio e, incluso, a nivel mundial. A manera de memoria de lo allí tratado y de sus sujetos participantes, fue publicado un numero especial de nuestra revista Del Caribe que debe ser consultado para apreciar la calidad excepcional de las presentaciones y las intervenciones de los participantes.

Eventos con participación de la Casa en condición de ponentes,

conferenciantes, delegados, observadores o invitados.

2003
XXVIIIth Conferencia Anual de la Asociación de Estudios del Caribe realizada en Belice. La mas prestigiosa Asociación de su tipo en el continente y a la que pertenecen varios especialistas de la Casa.
Cultura y Desarrollo. Ciudad de la Habana, Palacio de Convenciones. Ponencia El trabajo comunitario (Joel James) y observador (Julián Mateo).
Conferencia Internacional Anual de la Asociación Nacional de Trabajadores Sociales Negros de USA. Hotel Meliá Santiago. Ponencia El Caribe a la hora de Santiago, por J. Millet.
Carnaval de Burdeos, 2003 Francia. Coordinación de la Delegación cubana.

IV Encuentro de Africanía en Las Américas. Centro Culural Africasno Fernando Ortiz. Centro de Convenciones Teatro Heredia, Abril del 2003. Tribunal y Ponente.
Cultura y Desarrollo. 2003 Ponencia que obtuvo la calificación de trabajo relevante.
Pre-Congreso de Historia en Santiago de Cuba, 2003. Ponente.
2003-1997.
Taller internacional Francia y el Caribe, desde 1997 hasta el 2003. Coordinador y Ponente de las siete ediciones.
IV Foro Empresarial del Gran Caribe.2003. Ponente: Silvia Faxa L.
2002
Coloquio Sur-Sur: La construcción trasatlántica de las ideas de raza, cultura negra, negritud y antirracismo. (Senegal, Nov., 2002). Ponente: Julio Corbea.

Taller Internacional de Turismo y Patrimonio Cultural. UNESCO. La Habana. Centro Nacional de Restauración y Museología. Marzo 2002.

2002 y 2001

Fiesta de la Cubanía en la Ciudad de Bayamo en el ano 2001/2002 .Ponente: Maria Isabel Berbes.

Festival de Le Moule, 2002 Guadalupe. Coordinación de la Delegación cultural cubana.

XX Festival del Cine Latinoamericano, 2002. Delegada.

Raíces Africanas Wemilere, Guanabacoa, Ciudad de La Habana el ano 2000. Ponente: MI Berbes.

2000 y 1998

Taller Bob Marley a la Luz del Rastafari en los anos 1998 y 2000. Ponente y organizadora: MIB

Evento por el 40 Aniversario de la Fundación del Museo La Isabelica, antigua cafetal francés, f. Abril 2001. Ponente con trabajo sobre el fondo personal documental de Fernando Boytel quien fue su fundador.

Semana de la Cultura francesa, enero del 2002. Ponente con tema sobre la participación francesa en las guerras independentistas cubana.

III Festival de documentales "Santiago Álvarez in Memoriam, como Miembro del jurado.2002.

Semana de la Cultura Francesa en Santiago de Cuba.

2001 y 1999

Encuentro de Investigadores de Ciencias Sociales. División de Ciencias Sociales del Ministerio de Ciencia, Tecnología y Medio Ambiente. Santiago de Cuba. Diciembre 1999 y Diciembre 2001. Participantes.

VII Simposio Internacional de Comunicación Social celebrado en Santiago de Cuba del 22 al 26 de enero del 2001, Auspiciado por el Centro de Lingüística Aplicada, Ministerio de Ciencia, Tecnología y

Medio Ambiente de Santiago de Cuba, con el coauspicio de otras universidades e instituciones científicas de Cuba y otros países. Ponencia titulada "Las Firmas Paleras como forma de comunicación" a cargo de A. Larduet.

VI Taller de Africanía en el Caribe "Ortíz-Lachatañeré" celebrado en Santiago de Cuba en abril del 2001, organizado por el Centro Cultural Africano "Fernando Ortíz", La Cátedra de Estudios Afro caribeños "Rómulo Lachatañeré" y La Cátedra UNESCO de la Universidad de Alcalá de España .Ponencia titulada "Algo Sobre La Nganga" a cargo de A. Larduet.

7mo. Simposium Internacional de Comunicación Social. Departamento de Lingüística Aplicada. CITMA. Santiago de Cuba. Ponencias.

Taller Cultura y Desarrollo. Teatro Heredia. Santiago de Cuba. Ponencia.

Coloquio Ciudadanos del mundo. Oficina de la Historiadora de la ciudad de Santiago de Cuba. Ponencias.

Crisol de la Nacionalidad cubana. Evento teórico de la Fiesta de la cubana. Bayamo, M.N. Ponencias.

XXI Festival del Caribe. Conferencia "Elementos bantúes en la obra de Wifredo Lam: Una aproximación a La Jungla", por Raul Ruiz Miyares.

2001 y 2000

Fiesta de la Cultura Iberoamericana. Holguín. Sendas ponencias acerca de la cultura religiosa afrocubana y el espiritismo a cargo de J. Millet.

2001

Fiesta de la Nacionalidad. Octubre 2001, Bayamo. Ponente a la con trabajo sobre el asentamiento francés en Santiago de Cuba.

2000

6to Evento Científico-cultural Conozcamos el Caribe, organizado por la Asociación Caribeña de Cuba, con sede en La Habana. Ponencia El vodú y la gaga en Cuba y el Caribe, por J. Millet.
IV Taller Cultura y Desarrollo con trabajo titulado "Una opcional turística para Santiago de Cuba" Noviembre 2000. Ponente del
XX Festival del Caribe. Coloquio: el Caribe que nos une. Santiago de Cuba, julio de 2000. (Presidente de Tribunal)
1999
VI Simposio Internacional de Comunicación Social, Santiago de Cuba 1999. Tribunal y ponente Raúl Ruiz Miyares.
Bob Marley a la luz del Rastafari Febrero de 1999, Tribunal y ponente: R.R.M.
V Taller Nacional El Carnaval con trabajo titulado "Testimonio de Gaudiosa Venet Danger". Abril 1999 Ponente: L.C.
Pedagogía 99. Trabajo titulado "La influencia de la inmigración francesa a Stgo de Cuba: Metodología para introducirla como tema

de los programas de estudio para la historia local en las enseñanzas especiales y el 9no grado". Stgo de Cuba.

Encuentro Internacional 250 Años del Café en Cuba con ponencia titulada "Las características de la esclavitud en las plantaciones cafetaleras del ote. cubano". Feb. 1999 Stgo de Cuba. Ponente.

Ier Coloquio Internacional Bacardí In Memoriam con trabajo sobre las personalidades de origen francés y sus aportes a la cultura santiaguera. Enero 1999, Stgo de Cuba. Ponente.

1er Taller Nacional de Comercialización Producto Turístico con trabajo titulado "Santiago de Cuba una opción cultural para el turismo". Sept. 1999, Stgo de Cuba. Ponente.

Evento teórico de la Fiesta de la Nacionalidad Octubre 1999, Bayamo. Ponente con trabajo sobre la contribución de la inmigración franco-haitiana a la identidad regional.

EXPOCARIBE 1999, Observador.

Convención de Turismo 1999. Observador

IV Seminario nacional de organizadores de eventos. Gestión de eventos retos ante un nuevo milenio. 1999. Ponente:SFL.
Taller Nacional de Comercialización del producto turístico. Encuentro de Economistas del Sector de la Cultura. Ponente: SFL.
JBC: Taller consultivo caribeño para la formulación e implementación, de un centro subregional para el estudio y la promoción del turismo cultural en el Gran Caribe en Republica Dominicana 17y18 de Septiembre de 1999.
1998.
Cultura y Desarrollo. Palacio de las Convenciones, ciudad de la Habana. Panel Cultura y Globalización. Ponencia "Globalización y Muerte de la Cultura", por Julián Mateo.
II Taller Francia y el Caribe. Julio 1997 1998. Ponentes.
III Taller Cultura y Desarrollo con trabajo titulado "La Ruta del Café en la región sur oriental de Cuba". Noviembre 1998, Stgo de Cuba. Ponente

X Festival Raíces Africanas Wemilere. Guanabacoa. Ponentes.
1998 y 1997.
Festival Internacional de Culturas del Caribe. Auspiciado por la Gobernación del Estado de Quintana Roo, México, contó con la asesoría y colaboración de la Casa del Caribe, algunos de cuyos especialistas participaron en calidad de ponentes y/o conferenciantes en diversas instituciones culturales, casas de la cultura y centros de educación superior del Estado. Organización del evento teórico y ponencias.
VII Encuentro Nacional de Historiadores Serafín Sánchez con trabajo sobre "El aporte francés a la Gesta Independentista Cubana". Sancti-Spiritu Abril 1998. Ponente: LC.
IV Encuentro Nacional Lucha Contra Bandidos LCB con un trabajo titulado "Testimonio del Escambray", además de realizar donación de objetos personales de un combatiente del Batallón 108 de las MNR, al Museo Nacional LCB. Trinidad Abril 1998. Ponente: L.C.

I Taller Nacional Cultura y Turismo con la presentación del trabajo sobre la herencia de la caficultura franco-haitiana en el ote cubano. Nov. 1998, Stgo de Cuba. Ponente
III Taller Cultura y Desarrollo. 1998. Santiago de Cuba. Ponente: Silvia Faxa López.
Convención de turismo. Caribe y Turismo unidos ante el nuevo siglo. Ciudad Habana. 1998. Ponente:S.F.L.
1997
"La diáspora africana en América". Evento Internacional Marzo de 1997, Berkeley, California, Estados Unidos (Ponente: RRM)
Conferencia en la Universidad de San Francisco State de los Estados Unidos.
Conferencia en las Universidades de Seattle y Washington en la ciudad de Seattle.
Conferencia en la Universidad de Sacramento, California, Estados Unidos.

- -   244

Conferencia "Presencia Africana en Las Artes Plásticas de Cuba", en el Instituto de Arte de San Francisco, California.

Conferencia sobre Cuba en el Centro de la Raza, Seattle, Estados Unidos.

Conferencia sobre cultura cubana en la Iglesia Protestante " Martin Luther King" de Seattle, Estados Unidos.

Conferencia sobre la Revolución Cubana en Café Mecca, Seattle, Estados Unidos.

Conferencia sobre Cuba, salutación y despedida de los Pastores por La Paz en el Ayuntamiento de San Francisco, California, Estados Unidos.

Conferencia "Aquí Cuba" en El Centro Cultural Latinoamericano "La Tienda", Berkeley, Estados Unidos.

Encuentro internacional con el tema de La trata y la oralidad (Conakry, 1997. Organizado y patrocinado por la UNESCO). Ponencia a cargo de Julio Corbea.

III Taller de Archivología con trabajo sobre el fondo documental de inmigrados franceses en el AHPSC. Julio 1997. Stgo de Cuba (ponente)
Primer Encuentro Nacional de Historiadores en el Centro de la Isla con un trabajo titulado " El Santiago Francés"; Santa Clara, Febrero 1997. Ponente.
Romerías de Mayo por la AHS y ganadora del Premio Nacional IN MEMORIAN otorgado a los jóvenes investigadores cubanos. Mayo de 1997, ciudad de Holguín.
Encuentro Nacional Palabras Abiertas, Mayo de 1997. Holguín Participante
IV Evento Nacional Guantanamera con trabajo titulado "El Santiago Francés", Diciembre 1997, Gtmo. Ponente.
1er Encuentro Nacional de Productores, Comercializadores e Historiadores del Café Cubano, con trabajo sobre el asentamiento

cafetalero francés en el oriente cubano. Octubre de 1997, Sancti-Spíritu. Ponente: Laura Cruz.

2do Taller Cultura III Mundo y III Milenio. Ponencia "La herencia Bórdeles en Santiago de Cuba", por Laura Cruz.Santiago de Cuba.

1er Taller Provincial Presencia Francesa en Cienfuegos con trabajo titulado Los franceses que partieron de Santiago de Cuba a fundar Cienfuegos. Abril 1997. Cienfuegos. Ponente.

1997

I Encuentro de Investigaciones del Turismo. Turcaribe\97. Santiago de Cuba. Participante: S.F.L.

1996

Evento Internacional sobre Arte Naif, Municipio Mella, 1996. (Ponentes: JMB y RRM)

Encuentro Internacional sobre Turismo Cultural en América Latina y El Caribe. UNESCO. La Habana, Noviembre, 1996. Observador.

XI Festival del Cine Latinoamericano, Diciembre de 1988. Delegada.

1er Taller Internacional La Culinaria y el Turismo Cultural, Diciembre 1996, C. Habana. Ponencia "El Patrimonio culinario del Caribe".

39 Congreso del Sindicato Nacional de Turoperadores y Agencias de Viajes Francesas (SNAV), Enero -Febrero 1996. Delegado.

Evento Científico Territorial de FORMATUR, con un trabajo sobre la promoción del Patrimonio Local para el turismo "Tras la Huella Francesa en Santiago de Cuba", Mayo, Stgo de Cuba. Ponente.

CIPTUR '96 Evento Nacional EAEHT, Diciembre 1996. Ciudad Habana. Participante.

Primer Congreso Internacional de la Cultura Culinaria Latinoamericana, Ciudad de la Habana, Noviembre-Diciembre 1996. Delegada

1er Encuentro Internacional de Estudiantes de Escuelas de Turismo. EAEHT, Octubre 1996. C. Habana. Participante.

II Encuentro Internacional Fundación y Conservación de ciudades Iberoamericanas, con trabajo titulado "Dos patrimonios de la arquitectura francesa en Stgo de Cuba", Marzo 1996 Sancti-Spíritu. Ponente:LC..

1995

Festival del Caribe de Cancún (México, 1995). Organización y ponencias.

Festival de Folklore Cidade Vella. Auspiciado por la Asociación Cultural Cidade Vella, con sede en Santiago de Compostela. Participaron especialistas de la Casa del Caribe que tuvo a su cargo la organización de una delegación musical.

Evento de Historiadores Locales, Santiago de Cuba, octubre de 1995. (Organizadores y Ponentes)

Encuentro de Historiadores Locales, Ponencia "Francia el Suroeste Francés y su contribución a la modernidad santiaguera de la primera mitad del siglo XIX" (por Laura Cruz).
Festival de Música y Danza de raíces africanas: "Wemilere", Guanabacoa, La Habana, noviembre de 1995. (Conferencia Especial: RRM)
1994
IV Conferencia Internacional "Cultura Africana y Afro americanismo". Ponencia "Cuatro Aspectos Potenciales de la Regla de Palo o Conga" Celebrado en Santiago de Cuba en abril, Auspiciado por el Centro Cultural Africano Fernando Ortíz.
Encuentro internacional de operadores culturales del Caribe. Organizado por la Facultad de Humanidades de la universidad Antillas-Guyana. Fort de France, Martinica. Ponencia sobre la Casa del Caribe y su Festival

XIV Festival del Caribe. Coloquio: el Caribe que nos une. Santiago de Cuba, julio de 1994. (Ponentes)
III Conferencia sobre Cultura Africana y Afroamericana. Santiago de Cuba, julio de 1994. (Ponentes)
III Taller Internacional de Arte Naif. Mella, noviembre de 1994. Organizadores, ponentes y conferencistas
XIV Festival del Caribe. Congreso sobre migraciones y sincretismo cultural. Santiago de Cuba, julio de 1994. (Ponentes).
III Taller de Investigaciones para el Turismo. Santiago de Cuba. Centro de Convenciones Teatro Heredia.
Evento Internacional Ecoturismo. Teatro Heredia, Santiago de Cuba. 1994. Delegada: S.F.L.
1993
Congreso de la Muerte en el XIII Festival de Origen Caribeño de 1993. Santiago de Cuba (Ponentes).

Taller de Arte Primitivo en el XIII Festival de Origen Caribeño de 1993. Santiago de Cuba (Ponente: R.R.M.).
Evento de Historiadores Locales. Santiago de Cuba, octubre de 1993 (Ponente: R.R.M.).
Encuentro Cuba - Venezuela sobre Sincretismo Religioso. Santiago de Cuba, Septiembre de 1993. (Ponentes)
II Taller Internacional de Arte Naif. Municipio Mella, diciembre de 1993. (Ponentes: RRM y JMB)
Taller Internacional sobre Ecoturismo. Santiago de Cuba. Centro de Convenciones del Hotel Meliá Santiago. Noviembre, 1993, Ponencia.
1992
XII Festival de la Cultura de Origen Caribeño. Santiago de Cuba, 1992 (Ponentes).

II Conferencia sobre cultura africana y Afroamericana. Centro Cultural Africano Fernando Ortiz de Santiago de Cuba, 1992 (Ponentes).
La Identidad de los Pueblos de América 500 Años Después. República Dominicana, (San Juan de la Maguana), Noviembre de 1992 (Ponente: R.R.M.).
V Centenario Cuba-España.
II Conferencia sobre cultura africana y Afro-América.   Centro Cultural Africano Fernando Ortiz. Santiago de Cuba. Ponentes y conferencistas.
Congreso sobre Muerte Encefálica, celebrado en el Palacio de las Convenciones, C. Habana. Ponencia: "El concepto de la Muerte en la Cultura Occidental" a cargo de Julián Mateo
1991
III Simposio Internacional de Comunicación Social. Santiago de Cuba, 1991 (Ponentes).

Taller Provincial de Literatura Oral. Holguín, 1991 (Ponentes).
1990
I Conferencia Internacional sobre cultura africana y afroamericana. Centro Cultural Africano de Santiago de Cuba, 1990 (Ponentes).
Taller Internacional de Literatura Oral. Universidad de La Habana, 1990 (Ponente).
Taller Homenaje a Fernando Ortiz. Centro Cultural Africano de Santiago de Cuba, 1990 (Ponente).
1989
Semillas del Comercio. Intercambio cultural y económico en el Caribe. Santiago de Cuba, 1989.
VI Congreso Internacional de la Asociación Latinoamericana de Estudios Afroasiáticos (ALADAA). La Habana, 1989 (Ponente).
Encuentro de historiadores locales. Santiago de Cuba, 1989 (Ponentes).
1987 y 1986

Festival de Cine Latinoamericano en los ano 1986/1987 en La
Ciudad de La Habana. Jurado: MI Berbes.
1987 y 1986
Festival Caracol de la UNEAC de los anos 1986/1987. Jurado:MIB

Capítulo **XI.- Convenios Nacionales e internacionales**

2003
Ratificación de los acuerdos de trabajo conjunto con el Equipo de
Estudio de los
Africanos en el Atlántico, ahora con base en la Universidad Estatal
de Michigan,
adonde se traslado su Directora.
Carta de intenciones firmada con el Smith College para la atención
de un grupo de sus estudiantes nortemaricanos que recibirán

conferencias y atención especializada de parte de la Casa en el próximo mes de enero del 2004.

2002

Convenio firmado con la periodista italiana Mariella Moresco, directora de la revista digital Latinoamérica-online, para garantizar la presencia de la Casa en ella y aportar información sobre nuestro trabajo de investigación y de promoción de la cultura del Caribe.

1999

Convenio firmado con la Dra. Jualynne Dodson, Directora del Equipo de Estudio de los Africanos en el Atlántico, de la Universidad de Colorado, Boulder, para formalizar el trabajo de investigación, docencia y publicaciones conjuntas que se venia realizando de manera conjunta desde hacia varios años.

1997

Convenio firmado con la Fundación Eugenio Granell, de Santiago de Compostela, España, para organizar y producir la Exposición-perfomance de Arte Ritual Afrocubano denominada Tiembla Tierra, cuyos curadores y autores del proyecto fueron los investigadores José Millet y Abelardo Larduet

Capítulo **XII.- Premios y distinciones alcanzados.**

2003
Premio en investigación sociocultural del Ministerio de Cultura a la obra científica en su conjunto del Investigador Titular y Director de la institución, Joel James Figarola.
Mención por Comunicación otorgada por la UPEC a la especialista Silvia Faxa en el marco del VII Taller Periodismo, Comunicación e Identidad. Julio 2003.
2002

Premio por el Trabajo Comunitario otorgado por el Ministerio de Cultura de Cuba al investigador e historiador Joel James F.

Premio en investigación literaria al libro Los caminos y la palabra de José Soler Puig, de Alejandro Cabal y Edel Torres, especialistas de la Casa del Caribe.

Premio a la especialista Silvia Faxa López por su Trabajo Creativo en la categoría de Campañas y otros proyectos, que otorga la Asociación Cubana de Publicistas y Propagandistas de Cuba.

2001

La asociación de artistas escénicos de la UNEAC, le otorgó premio nacional a la composición musical hecha por Larduet para la obra de teatro "Jacques Hippolite y su Tambor"

1999

Premio Nacional compartido en investigación socio-cultural otorgada por el Ministerio de Cultura de Cuba al libro Barrio, comparsa y carnaval santiaguero, de los investigadores José Millet, Rafael Brea y Manuel Ruiz Vila.

La especialista Silvia Faxa López recibió la distinción de Vanguardia Nacional del Sindicato de la Cultura por su destacado trabajo en el campo de la difusión y promoción de la cultura cubana y caribeña

1997

Premio en el Festival Nacional del Disco de la EGREM al fonograma Vida y Muerte del santero, de Abelardo Larduet y José Millet, el primero en calidad de productor de la obra.

Significación y alcance: Este premio nacional, es un justo homenaje a la idea y el rigor de realización de sus autores y, en especial, a esos sujetos anónimos, pero también creadores, que han hecho a lo largo de sus vidas y aun después de su muerte mas firme y sabia nuestra cultura nacional, dentro y fuera de Cuba. Es una forma mas de desearles buena salud, y de expresarles un ¡Ibae tonú! en el caso de los ya desaparecidos.

1996

Premio Nacional de Investigación sociocultural otorgado por el Ministerio de Cultura de cuba al libro El vodú en Cuba.

Autores: Joel James, José Millet y Alexis Alarcón.

1993

Diploma de reconocimiento al Resultado Científico socio-cultural destacado del año otorgado por la Dirección Científica del Ministerio de Cultura de Cuba al libro El vodú en Cuba, cuya primera edición vio la luz en Republica Dominicana.

Autores: Joel James, José Millet y Alexis Alarcón.

1992

Premio provincial otorgado por el jurado del Vl concurso "Máscara de Caoba" a la composición musical creada por Larduet para la obra teatral "Repique por Mafifa".

1991.

El jurado provincial de las artes escénicas de Santiago de Cuba, le otorgó premio a la composición musical creada por A. Larduet para la obra teatral Barroco, en el Festival Provincial Mascara de Caoba.

1990

La obra teatral Baroco, bajo la dirección del especialista investigador Rogelio Meneses, gano el Gran Premio Avellaneda otorgado por el jurado del Festival Latino Americano de teatro celebrado en Camaguey; al mismo tiempo dicha premiación le fue otorgada a una composición musical creada por el especialista Abelardo Larduet para esa puesta en escena.

1985

Premio nacional otorgado por el jurado del Festival nacional de Teatro Caracol UNEAC, al especialista Abelardo Larduet por su composición musical hecha para la obra teatral "Don Juan Tenorio"

Acerca del autor:

Millet, José. (Holguín, Cuba, 28.01.1949). Residencia actual: Avenida Ali Primera, calle Principal, casa 29, Sector La Cruz, parroquia Los Teques, Municipio Guaicaipuro, Estado Miranda, República Bolivariana de Venezuela. Teléfonos: 0416/2168703; 0412/5960330 y (058) (Falcón: 0268)/4608164. E-mail: milletjb3000 @gmail.com//milletjb2004@ yahoo.com

Escritor, investigador, profesor universitario, crítico de arte y guionista de cine, radio y Tv. Filólogo de carrera, ha dedicado sus últimos 36 años de vida a los estudios etnográficos y sociológicos en el área de la cultura popular, especializándose en la temática de las fiestas populares y las religiones tradicionales de base africana y del espiritismo en el Caribe. Hizo estudios de Filosofía en la Universidad de La Habana y, en 1975, se graduó de Licenciado en Letras en la Universidad de Oriente, en la ciudad Santiago de Cuba. Tiene una larga experiencia como docente universitario en su país natal y en otros países. Cientos de estudios, ensayos y artículos suyos han visto la luz en prestigiosas publicaciones periódicas tanto en Cuba como en otros países y ha publicado dieciocho libros, uno de los cuales alcanzó el Premio en Ensayo José María Heredia, de la Unión Nacional de Escritores y Artistas de Cuba (UNEAC) y dos, en coautoría: El vodú en Cuba y Barrio, comparsa y carnaval santiaguero, obtuvieron premio nacional en investigación sociocultural que otorga el Ministerio de Cultura de la Mayor de las Antillas. Se desempeñó como Investigador Auxiliar en la Casa del Caribe, prestigiosa institución de la que fue uno de sus fundadores en 1982 y que ayudó, decisivamente, a categorizar como Centro de Investigaciones por parte del Ministerio de Ciencias, Tecnología y Medio ambiente de la República de Cuba. Ha obtenido varios reconocimientos en el área de la investigación científica aplicada a las ciencias sociales y humanísticas. Pertenece a varias organizaciones internacionales, como la Association of Caribbean Studies, el Grupo de Estudios Regionales del Consejo Europeo de Investigaciones sobre América Latina (CEISAL) y la Red de Instituciones e Investigadores de las religiones afroamericanas de la UNESCO, en cuya temática acaba de ser impreso en USA el libro Sacred Spaces Religious Traditions in Oriente Cuba...en coautoría con la profesora Dra. Jualynne Dodson, de la

Michigan State University, aunque publicado sólo a la firma de ésta. Es miembro de la Red Nacional de escritores de Venezuela. Ha participado en eventos y hecho investigaciones de campo en Europa (tanto oriental como occidental), África, Estados Unidos, América Latina y el Caribe. Desde el 2005 se desempeña como director del Centro de Investigaciones Socioculturales del Instituto de Cultura del Estado Falcón (INCUDEF), donde publicó el libro **La Guinea, barrio afrocaribeño de Coro** y confeccionó con su equipo el **Atlas Etnográfico del Estado Falcón-Venezuela y el Caribe** (con depósito legal nro. LF-70920083382018 e ISBN: 978-980-12-3437-1), del cual es editor y cuyos primeros resultados en forma de Cuadernos de Avances pueden ser leídos. Su último libro biográfico, **Alí Primera, Padre cantor del pueblo** (2008) fue publicado en Caracas por Ediciones de la Presidencia, Palacio de Miraflores, del Ministerio del Poder Popular para la Presidencia de la República.

Colofón